끌리는 이들에겐 이유가 있다

박기수 지음

예미

성 공 한 사 람 들 의 3 0 가 지 매 력

끌리는 이들에겐
이유가 있다

30 Reasons People Attract

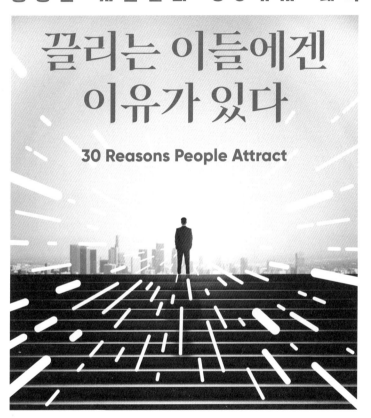

박기수 지음

예미

추천의 글

우리는 인생을 살아가면서 다양한 사람을 만납니다. 어떤 이는 마주하기가 참 편합니다. 한 번 만났지만 왠지 정감이 갑니다. 반면에 다른 이를 만났을 땐 이런저런 이유로 마음이 불편합니다. 인생 칠십을 살아 보니, '매력'은 인생의 중요한 행복 열쇠이자 성공 가이드입니다. 이 책은 기자, 공무원, 교수로 30년 생활하면서 많은 분을 관찰한 인생 매력의 결정체를 담았습니다. 학교에서 배우긴 어렵지만, 학교수업만큼 중요한 인생수업 교재가 아닐까 싶습니다. 매력적인 나를 원한다면 꼭 읽어 보고 하나하나 실천해 보세요.

최재천 (이화여자대학교 석좌교수, 생명다양성재단 이사장)

환경운동에 몸담은 지 40년이다. 환경운동이 낯설던 시절에서 이제는 전 세계가 기후위기로 몸살을 앓고 있으니, 참으로 '슬픈 세월'이 빠르다. 그간 많은 이들이 "가슴은 뜨겁게! 지구는 차갑

게!"라고 외치며 환경 지키기에 동참해 왔다. 여전히 부족하지만 그런 덕분에 기후위기 극복에 남녀노소 불문하고 행동에 나서고 있다. 나는 이들을 지구상에서 가장 아름다운 분들이라 부르고 싶다. 가장 끌리는 이들이기도 하다. 이 책에는 내가 봐 온 이들의 특성이 고스란히 녹아들어 있다. 존재감 있는 매력 인생을 원한다면 필히 읽어 보길 권한다.

최열 (환경재단 이사장, 서울환경영화제 조직위원장)

대학의 영어 표현인 'university'는 라틴어로 '전체universitas'라는 의미로, 다양한 학문을 배우는 고등교육기관이다. 이러한 대학교의 총장으로 5년째 일하면서 느끼는 것은 배움은 평생 배움이어야 한다는 점이다. 젊어서 하는 한때의 공부가 아니라, 자기발전을 위해 꾸준히 배우고 실천하는 것이 풍요로운 인생을 살아가는 지름길이다. 이 책은 어떻게 매력적인 인생을 살아갈 수 있을지에 대한 '평생 해답'을 제시하는 길라잡이다. 특히, 사회생활을 앞둔 학생이라면 30년 커리어 인생의 노하우를 단박에 가져갈 수 있으니 그 기회를 절대 놓치지 않길 바란다.

이창원 (한성대학교 총장, 한국행정개혁학회 이사장)

저자가 한국일보를 떠난 지도 벌써 10년이 넘는다. 이후 관계, 학계 등 다양한 커리어를 거쳤지만, 신문사에서 맺은 인연이 지금까지도 이어지고 있다. 누군가와 오랜 세월 인연을 이어 간다는 건 그만큼 서로에게 '매력'이 있다는 뜻일 게다. 책을 보니 저자 스스로 인생의 매력 키워드를 실천해 온 것 같다는 생각이 든다. 저자가 제시한 30가지 포인트는 인생을 살아가는 데 필요한 자양 분이다. 그런 점에서 이 책은 아름다운 인생 여정의 필독서이지 않을까 싶다.

이성철 (한국일보 사장)

SCL그룹과 함께 사람들의 건강하고 행복한 삶을 꿈꾸며 40년 간 쉼 없이 달려왔다. 행복한 삶을 위해 기본이 되는 것은 '건강'이지만 이 책은 '매력'이라는 또 하나의 열쇠를 우리에게 선물해 준다. 누구나 매력적인 사람이 되고 싶어 하지만, 그 방법을 아는 사람은 많지 않다. 저자와 이 책은 그 점에서 '매력적'이다. 이 책은 저자가 30년 동안 온갖 현장을 누비며 성공한 사람들을 관찰한 결과이자, 매력의 비밀에 대한 생생한 기록이다. 독자들이 이 책을 통해 매력의 비밀을 깨닫고 행복한 삶을 살기 바란다.

이경률 (SCL그룹 회장, 연세대 총동문회장)

그간 가수와 방송인으로 생활하면서 기라성 같은 선배와 훌륭한 후배를 많이 만나 왔다. 어떤 선배는 방송 이미지와 좀 다른 반면, 다른 후배는 평소에도 방송 모습처럼 겸손하면서도 사교성이 높다. 매력적으로 산다는 것. 자신에게 주는 값진 선물이기도 하지만, 주위 선후배에게 무료로 제공하는 기분 좋은 에너지 같다. 책에는 내 인생 선배인 저자가 30년간 경험하고 느낀 인생 이야기가 스며 있다. 돈으로 살 수 없지만, 무엇보다 소중한 성공 인생의 보따리를 풀어놓은 것 같다. 읽고 실천만 하면 인생 로또가 따로 없지 않을까.

배기성 (캔 멤버 가수, 방송인)

저자인 박기수 교수와 언젠가 커피 한잔을 할 때다. 대화 도중 시간관리 이야기가 나와서 해외출장 갈 때 시간을 효율적으로 관리할 수 있는 야간비행에 대해 이야기를 한 적이 있다. 이 이야기를 듣던 저자의 반짝이던 눈빛이 지금도 기억에 남는다. 나중에 보니 저자가 30년간 성공한 사람을 만나면서 경험하고 메모하여 책을 준비 중이라는 사실을 듣고는 놀랐다. 많은 사람을 만나고 그들의 이야기를 경청하던 저자가 알려 주는 매력적인 인생을 살아가는 사람의 공통점이 궁금하지 않은가? 그렇다면 이 책을 지금 펼쳐 보시길 권한다.

김춘진 (제17대 · 18대 · 19대 국회의원)

프롤로그

우리는 인생이란 여행길에서 많은 사람을 만난다. 그중에는 누군가의 이름 혹은 얼굴을 떠올리면 저절로 웃음이 나오는 사람들이 있다. 어떤 이는 꼭 다시 만나 보고 싶은 반면, 가끔이겠지만 기억에서 지우고 싶은 이도 있다. 만나면 기분이 좋거나 같이 있고 싶은 사람들 중에는 선천적으로 어떤 '매력'을 가지고 있는 이들도 있다. 반면 인생을 살면서 그 '매력'을 스스로 만드는 경우도 적지 않다.

이와 같은 매력은 사회생활을 하면서 그 진가를 발휘한다. 직장에서 사람을 뽑을 때 같은 조건이라면 호감이 가는 이를 명단에 올린다. 매력적인 후배에겐 아무래도 더 좋은 기회를 주고 싶은 게 선배의 심정일 테다. 특히, 퇴직 후에도 여러 활동을 하는 인생 선배들을 보면 그 끌림의 차이가 더욱 극명하게 나타난다. '매력쟁이' 선배와 함께하는 자리에는 늘 웃음과 에너지가 넘치고, 새로운 영감도 얻는다.

사람마다 다른 이런 매력은 우리 인생에서의 성공에도 큰 영향을 미친다. '재력', '명예', '지위', '영향력' 등 성공의 정의가 무엇이든지 간에 매력적인 사람에게는 성공의 기회가 더 많이 주어진다. 칭찬해 주고 싶은 사람, 도와주고 싶은 사람, 소개해 주고 싶은 사람, 함께하고 싶은 사람…… 인생이란 무대에서 보면 매력적인 사람에게 더 좋은 관람석이 제공될 가능성이 높아지는 게 세상 이치이다.

그러면 이런 '매력'은 노력으로 만들 수 있을까? 정답은 "가능하다."이다. 얼굴을 비롯한 외적인 이미지를 완전히 바꿀 수야 없겠지만, 일정 부분 노력으로 충분히 가능하다. 40대 이후의 얼굴은 본인이 책임져야 한다는 옛말은 괜히 있는 게 아니다.

대표적인 게 미소다. 입꼬리를 올려 밝은 얼굴을 만드는 건 본인의 의식적인 노력에 달려 있다. 평소에 어떤 이유든지 간에 웃음을 잃어버렸더라도, 그 굳어진 입꼬리의 미소 근육은 연습을 통해 올릴 수 있다. 처음엔 어색하지만 하루, 일주일, 한 달이 지나면서 거울 앞에서 변하는 내 표정을 발견할 수도 있다. 겸손한 태도, 배려하는 마음, 유머와 칭찬, 쿨한 사과……. 어느 것 하나 노력으로 이뤄지지 않을 게 없다.

그래서 이 책은 성공한 사람, 이른바 잘되는 인간의 '매력 공통점'에 관한 이야기를 담아 놓았다. 언론인, 공무원, 교수로서 30년간 각계각층 인물의 삶과 성공 내용을 메모해, 매력 관점에서 30가지로 압축한 '매력 인생'에 관한 다이제스트이다. 얼핏 보면 익숙한 내용일 수도 있지만 "구슬이 서 말이라도 꿰어야 보배"라는 말은 여기서도 예외가 아니다. 따라서 책에서 압축한 성공을 불러오는 매력 요소는 읽어만 볼 것이 아니라, 내 것으로 만들어 내 삶을 바꿔 보도록 하는 게 핵심이다.

결국, 이 책은 값진 인생에서 매력적인 나로 변화하기 위한 일종의 '매력 훈련 가이드북'이다. 책에 소개된 내용을 하루에 하나씩 꾸준히 실천해 보라. 하루, 일주일, 한 달, 그리고 일 년 뒤, 조금씩 달라진 나를 발견할 수 있다.

이 책은 20대 후반으로 사회생활을 준비하는 취업 준비생과 직장 초년병, 인생의 새로운 변화를 모색하는 30~40대, 존경받는 인생을 원하는 50대, 그리고 자녀나 후배에게 매력적인 삶을 추천하려는 60대 이상 모두가 쉽게 읽을 수 있다.

처음엔 성공과 매력에 관한 좋은 내용을 조금 모아서 이를 다른 사람에게 공유하면 좋겠다는 생각에 글을 쓰기 시작했다. 하지만 이젠 조금 더 욕심이 생겼다. 독자 한 분 한 분이 여기서 소개된 내용을 실천해 자신의 삶을 성공적으로 이끌었으면 하는 바람이다.

그게 결국 우리 사회 전체에 선한 영향력을 불러일으키는 원동력이지 않을까 싶다. 매력적인 사람이 더 많아져서 품격이 더욱 흘러넘치는 사회. 이를 위한 그 씨앗으로 이 책이 남기를 기대한다.

2024년 9월,
박기수

차례

Part 3. 태도가 인생이다

Part 1

인생을 만드는 인상

30초의 첫인상

왠지 끌리는 사람을 만나 본 적이 있는가? 그런 사람을 보면 전에 어디서 만난 느낌이 들기도 한다. 때론 뭔가 공통점을 찾으려고 애쓰는 나를 발견하고 스스로 놀라기도 한다. 그런 사람에겐 이미 내 마음이 열린 터라 이야기를 더 잘 들으려고도 한다. 마치 토익 시험장에 가서 귀를 쫑긋 세우고 듣기시험을 치듯 말이다.

만약에 상대방이 이성이라면 가끔은 내 모습이 괜찮은지 옷매무새를 살피기도 한다. 잘 보이고 싶은 마음이 나도 모르게 생긴 것이고, 그런 마음이 행동이나 표정으로 발현되기도 한다. 꼭 이성이 아니라도 나오는 행동은 비슷하다. 말도 부드러워지고 상대방에 대해 긍정적인 반응을 보이게 된다.

"어, 안녕하세요! 혹시 저희 구면이 아닌가요?"
"아, 지난번에 뵈었죠? 저도 그 학교 나왔습니다."
"다음에는 제가 그쪽으로 가서 먼저 인사드릴게요."

리처드 뱅크스Richard Banks는《사람들이 당신에게 호감을 느끼고 당신이 원하는 것을 하는 법How to Make People Like You and Do What You Want》이라는 책에서, 만난 지 30초 안에 상대방에게서 전해진 느낌이 향후 이들 만남의 85%를 결정짓는다고 했다. 바꿔 말하면, 첫인상은 우리의 미래 관계에 가장 큰 영향을 미치는 요인 중 하나라는 것이다.

더군다나 이때 만들어진 첫인상은 나중에 시간이 흘러도 쉽게 변하지 않는다. 꽤 오랜 기간 내 친구로서, 혹은 지인으로서 만나는 이들을 곰곰이 생각해 보면 인상의 중요성을 실감할 수 있다. 처음 본 30초가 길게는 나와 상대방의 30년 인상을 결정할 수 있는 것이다.

물론, 첫인상이 모든 것은 아니다. 인상만 좋다고 해서 친구 혹은 지인으로 오랜 기간 만남을 지속하기도 어렵다. 반대로 첫인상이 썩 안 좋더라도 만나는 과정을 반복하다가 보면 생각과 달리 '괜찮은 분이네.'라고 느끼는 경우도 적지 않다.

하지만 인상은 대체적으로 우리 인생에서 사람의 관계를 발전시키는 데에 중요한 역할을 할 수밖에 없다. 인상은 오랜 기간 축적돼 온 나 스스로에 대한 결정체이기 때문이다.

첫인상. 말 그대로 처음으로 누군가를 만났을 때 형성되는 개인의 주관적인 판단이나 감정이다. 인상에는 거의 모든 게 포함된다. 외모, 표정, 목소리, 자세, 분위기까지. 오늘 처음 보는 사람인데도 짧게는 단 몇 초 만에, 아니면 몇 분 만에 우리는 그 인상을 보고 느끼면서 상대방에 대한 여러 판단을 내리게 된다.

우리는 선천적으로 자신 안에 내재된 특성 혹은 그간 자신의 경험, 가치관, 선호도, 지식 등 모든 데이터를 종합해 상대방을 순식간에 판단하는데, 그 판단의 속도는 슈퍼컴퓨터보다 훨씬 빠르다. 앞에 있는 상대방의 데이터를 하나씩 머릿속에 넣어서 종합 보고서를 내는 게 아니기 때문이다. 그냥 새로운 벽돌을 틀을 통해 찍듯, 우리의 뇌가 한순간에 직관적으로 상대방의 형상을 만들어 내는 것이다.

《하버드 비즈니스 리뷰Harvard Business Review》에 실린 〈30초 안에 좋은 인상을 만들라Make a Good Impression in 30 Seconds〉에도 같은 내용이 등장한다. 실제로 우리는 30초 안에 상대방에 대해 거의 모든 걸 결정한다고 한다. 30초 이후에 더 많은 정보가 들어오더라도 첫 30초 안에 결정된 정보가 가장 우선적으로 우리 머릿속에 오랜 기간 유지된다. 그 이후의 정보는 내용의 중복성 증가와 보는 사람의 집중력 저하로 인해 흡인력이 떨어지게 된다.

이런 원리를 최대로 잘 활용하고 있는 게 미국 슈퍼볼 광고이다. 미국의 최대 광고 시장인 미식축구 '슈퍼볼' 경기에서 광고주들은 30초 스폿광고에 올인한다. 자동차 회사, 맥주 회사, 홈쇼핑 사이트 등이 자신들의 상품과 서비스를 슈퍼볼 광고 30초 안에서 최대한 드러내려고 하는데, 올해 기준으로 30초 광고비는 약 95억 원(700만 달러)에 이를 정도다.

조금 과장되게 이야기하면, 우리가 누군가를 처음 만날 때 순식간에 지나가는 30초가 대기업이 소비자와의 첫 만남을 위해 슈퍼볼 광고에서 쓰는 95억 원 가치와 맞먹을 귀중한 시간인 셈이다. 물론, 우리가 그렇게까지 돈을 쏟아부을 수는 없지만, 우리는 첫 만남 30초가 그만큼 소중하다고 생각하면 된다. 인간관계 속에서 자기 자신을 조금 더 신뢰감 있고 매력적으로 보이고 싶을 때, 가장 효과적인 것은 '30초 첫인상'이라는 것을 기억해야 한다.

그러면 왜 첫인상이 이토록 중요한가?

한번 결정된 인상은 쉽게 변하지 않는 경향이 있다고 했는데, 특히 첫인상은 향후 두 사람의 관계에 있어서 서로에 대한 확증편향을 지속적으로 심어 주게 된다. 확증편향이란 자신이 믿거나 주목하고 싶어 하는 부분에만 집중하고 나머지 정보는 무시하는 사고방식이나 태도인데, 첫인상에도 그대로 적용된다.

"믿을 수가 없네요. 그분은 그럴 분이 아닌데요."
"그럼 그렇죠. 제 말이 맞죠? 분명히 어제 일을 다 마무리한다고 했거든요."

'30초 스캐닝'으로 첫인상을 한번 좋게 받으면, 나중에 부정적인 일이 발생하더라도 그 사실을 잘 믿으려고 하지 않는다. 반대로 첫인상이 안 좋게 씌워졌다면, 나중에 부정적인 일이 발생했을 때 "그럼 그렇지.", "어쩐지. 그럴 줄 알았어."라는 비난과 함께, 자신의 최초 판단이 옳았음을 믿으려 한다. 내가 만든 상대방에 대한 첫인상이 확증편향을 도와주는 상황으로 이어지기 때문이다. 그래서 상대방에게 가진 첫인상이 안 좋다면 이를 극복하는 데는 3일, 30일, 아니면 3년 이상의 시간과 노력이 필요하게 될 수 있다.

우리는 살아가면서 수많은 사람과 만나고 헤어진다. 그 과정에서 잠깐 만났는데도 "내 스타일은 아닌데."라거나 "저분보다는 이분과 일하면 안 될까요?"라며 각자 상대방에 대해 호불호를 갖게 된다. 이런 빠른 스캐닝은 어디서 비롯되는 것일까?

이는 우리 인류가 살면서 터득한 '진화론적 생존방식'에서 기인한다. 600만 년 인류 역사에서 인간은 생존과 종족보존을 위해 빠른 판단을 필요로 했다. 인적이 드문 외딴 산속에서 수풀을 헤치고 가다가 전혀 모르는 사람을 불쑥 만났다고 상상해 보자.

'저 사람이 나에게 위협적인 사람일까?'

'아니면 그냥 나와 같은 평범한 사람인가?'

요즘 같은 시대라면 이런 장소에서 사람을 만날 일이 거의 없지만, 적대적인 부족들이 이웃하고 있는 원시시대라면 삶과 죽음이 갈리는 운명의 장소였을 수도 있다. 지금도 인적이 드문 골목길을 가다가 누군가의 인기척을 듣는다면 그가 누구인지를 우리가 본능적으로 확인하는 것도 이 때문이다.

나의 생존을 위해 앞에 만난 사람이 적인지, 우군인지에 대한 빠른 판단은 필수적이다. 같이 살든지, 누구 하나 죽어야하는 극한 상황일 수도 있다. 우리는 그렇게 오랜 기간 생존, 더 나아가 종족보존을 위해 살아왔다. 조상으로부터 물려받는 이런 유전적인 본능이 현대사회에 사는 우리에게는 사회적, 경제적 관계를 위해 조금 다른 방식으로 쓰이고 있는 셈이다.

우리가 살고 있는 지금, 목숨을 담보로 한 과거와는 다르지만, 상대방에 대한 스캐닝은 지속되고 있다. 이 스캐닝은 연인으로 치면 나와 궁합이 맞는 사람인지, 직장 동료라면 나와 'ENTP'(MBTI 성격 유형의 하나) 특성이 맞아서 같이 잘 일할 수 있는지 등을 확인하기 위한 도구로 활용된다. 이 과정에서 누군가는 좋은 첫인상을 가진 매력적인 사람으로 남을 수 있고, 다른 누군가는 그렇지 않은 이미지로 남게 된다.

그래서 첫인상은 우리가 살아가는 데 있어 매우 중요한 매력의 잣대이다. 매력은 우리 겉모습에서부터 몸 안에 내재된 품성까지 포함된 일종의 '사람의 향기'다. 옛말에 '꽃의 향기는 백 리를 가고花香百里', '술의 향기는 천 리를 가고酒香千里', '사람의 향기는 만 리를 간다人香萬里'는 말이 있다. 첫인상이 사람의 이런 향기를 결정하게 된다.

물론, 매력적인 사람이 모두 성공하는 것도 아니고, 성공한 사람이 모두 매력적인 것도 아니다. 하지만 매력적인 사람, 향기 나는 사람은 인생에서 더 풍요롭게 주위 사람과 어울리며 성공할 기회를 얻는 것은 분명하다. 첫인상이 좋은 나, 매력적인 나를 위한 준비, 지금부터 그 여정을 떠나 보자.

✳
'비주얼'이 다는 아니지만

"외모로만 판단하는 더러운 세상!"

과거 공중파 TV의 한 개그 프로그램에서 '못생김'을 자신의 캐릭터로 잡은 한 개그맨은 특유의 쓴웃음을 지으면서 이렇게 말한다. 개그맨 오정태는 이른바 잘생긴 사람들이 너무 나대는 세상이라며 한탄하는 내용의 스토리를 잡아서 꽤 인기를 누렸던 것으로 기억된다.

우리가 누군가를 만날 때 그에 대한 평가를 내놓는데, 아무래도 '비주얼'에 바탕을 둔 평가가 대부분이다. 물론 비주얼이라고 해서 얼굴만 포함되는 것은 아니다. 헤어스타일에서 옷매무새까지 모두를 포함한다.

"그 친구는 참 인상이 깔끔해."

"외모는 좀 그래도 사람이 정말 실하지."

"사람이 약간 무뚝뚝한 느낌인데, 참 진실해 보이긴 하네요."

비주얼을 국어사전에서 보면, "사람의 얼굴이나 머리 모양, 차림새 등의 외모. 또는 그러한 것들이 주는 인상."으로 표현돼 있다. 요즘같이 자주 쓰는 걸 봐선 사실상 외래어로 굳어진 느낌이다.

줄여 말하면, 만날 때 상대방이 보게 될 나에 관한 시각적인 모든 것이다. 옷매무새가 단정하면 아무래도 비주얼에서 나름 좋은 점수를 얻게 된다. 반대로 얼굴이 잘생겼더라도 차가운 느낌이라면 곁에 다가가 말을 걸고 싶은 경우는 별로 없다.

그런데 이런 의문도 생긴다.

'나만 너무 그렇게 비주얼로 사람을 평가하는 건 아닌가?'

하지만 아래 연구를 보면 그렇게 생각할 것은 아닌 듯하다. 미국의 사회심리학자인 앨버트 메라비언Albert Mehrabian 교수의 연구에 따르면 회의이든, 발표이든, 혹은 미팅 장소에서든 우리가 그곳에서 전하는 메시지의 7%만이 언어, 즉 콘텐츠를 통해 전달되며, 38%가 목소리를 통해서 이뤄진다고 한다. 그리고 절반 이상인 55%가 얼굴, 표정, 자세, 옷매무새 등 비주얼에 의해 설명된다는 것이다. 나만 비주얼에 매몰돼서 그런 게 아니라, 실제로 사람들 대부분이 비주얼로 첫인상을 결정한다는 뜻이다.

왜 그럴까? 메라비언 교수는 비주얼이 커뮤니케이션에 있어서 콘텐츠 자체보다도 우리의 감정과 태도를 상대방에게 더 쉽게 전달하기 때문이라고 설명한다.

실제로 언어를 통한 메시지가 좋더라도 화가 난 듯한 얼굴, 거만한 느낌, 단정치 못한 자세 등이 눈에 띈다면 우리는 그렇게 좋은 평가를 하지 않는다. 같이 있기에 우선 불편하고 껄끄럽다. 서로 말하지 않더라도 그런 상대방과 같은 공간에 있는 것만으로 왠지 답답한 건 나만의 생각은 아니다. 보는 것 자체가 커뮤니케이션이라서, 그와 같이 있는 것 자체가 불편하기 때문이다.

공무원 시절의 이야기이다. 정부 부처나 산하기관의 직원 채용 면접에 종종 가는 경우가 있었다. 면접을 끝낸 뒤 동료 면접관들과 함께 응시자들에 대해 의견을 나누곤 하는데, 대부분이 비주얼과 관련된 이야기를 먼저 꺼낸다.

"A가 품성이 좋아 보이네요."
"B는 좀 어두워 보입니다."
"C는 너무 내성적인 느낌이지 않아요?"

마치 품평회 같긴 하지만, 이렇게 이미지를 평가하는 경우가 주를 이룬다. 면접관이 응시자의 학력과 경력에 대해 미리 정보를 갖고 있기 때문에 비주얼 이야기를 주로 할 수도 있지만, 비주얼이 먼저라는 메라비언의 연구가 현실에서 대부분 그대로 적용되는 것이다.

특히 우리나라처럼 관계성을 중시하는 사회에서는 연구 결과 이상으로 비주얼이 더 중요할 수도 있다. 의식적이든 무의식적이든 간에 감정과 태도가 전달되는 비주얼이 더욱 중요하지 않을 수 없다. 그러니 사람들이 비주얼로만 평가한다고 탓할 때가 아니라, 내 비주얼을 긍정적으로 매력적으로 변화시킬 생각을 해야 한다.

'아니, 비주얼이라면 외모가 적지 않은 부분을 차지할 텐

데, 얼굴을 바꾸라고?'

이쯤에서 이런 생각이 들 수 있다. 요즘 의료기술이 좋아져서 성형수술을 통해서 외모에 변화를 주는 사람도 적지 않은 게 사실이다. 본인이 결정해야 할 문제지만, 꼭 바꿔야 한다면 말릴 이유도 없고 말릴 수도 없다. 하지만 사실 여기서 말하는 비주얼의 변화는 성형으로만 될 것이 아니다. 얼굴 자체야 의술의 도움을 받을 수 있지만 표정, 자세, 옷매무새 등 다른 비주얼 요소는 본인이 노력하고 만들어서 내 것으로 취해야 한다.

덧붙인다면, 얼굴만 잘생겼다고 해서 꼭 매력적인 것도 아니고 꼭 호감이 가는 것도 아니다. 준수한 얼굴이라도 까칠해 보이기도 하고, 신경질적으로 느껴지기도 하고, 왠지 무서워 보이기도 하는 경우가 적지 않다. 잘생겼다고 해도 가까이하고 싶은 범주가 아닌 경우도 꽤 있다. 다소 평범한 얼굴이라도 정이 가는 사람, 온화해 보이는 사람, 밝은 느낌이 나는 사람, 겸손이 얼굴에 담긴 사람, 쾌활한 사람, 이들 모두가 더욱 매력적일 수 있다. 엄청난 '인싸'는 아니더라도 주위에 사람이 많고, 신뢰를 받는 인물이 바로 이런 사람들이다.

그러고 보면 옛말이 틀린 게 아니다. 40대 이전의 얼굴은 부모가 준 것이지만, 그 이후의 얼굴은 본인이 만든 것이라고 하지 않았는가. 부모로부터 물려받은 얼굴이야 좋든 싫든 어쩔 수 없지만, 인생을 긍정적으로 살아온 사람과 부정적으로 삶에 접근한 사람은 그 표정에서 차이가 확연하다. 국민 배우 송강호, 〈한지붕 세가족〉의 '순돌이 아빠' 임현식, 영화 〈공조〉의 유해진. 모두가 미남 배우는 아니지만, 인생의 풍미가 깃든 매력적인 얼굴의 소유자이다.

"난 비주얼이 안 돼서."라는 말은 어찌 보면 핑계일 수 있다. 나만의 비주얼을 만드는 것은 나에게 달려 있다. 잘생기지 않았더라도 나만의 변화를 통해 매력적인 비주얼을 만들 수 있다. 중요한 것은 하루하루의 노력과 실천이다.

미소가 보물이다

〈이상한 변호사 우영우〉로 스타덤에 오른 배우 박은빈은 연기도 뛰어나지만, 밝은 미소로 사랑을 받는다. 이런 덕분에 박은빈을 생각하면 대부분은 그의 해맑은 미소를 떠올리게 된다. '국민 마더'로 불리는 탤런트 김혜자 선생님도 마찬가지다. 젊은 분들이야 모를 수 있지만, 대부분 김혜자 선생을 아는 분에게는 밝은 미소로 각인돼 있다. MBC의 22년 장수 프로그램인 〈전원일기〉에서 양촌리 회장님 댁 부인으로, 인자한 미소를 잃지 않으면서 회장 댁 가족과 이웃집까지 챙기는 인물로 묘사되었기 때문이다. 본인은 봉준호 감독의 영화 〈마더〉가 자신의 실제 이미지와 가깝다고 했지만, 어쨌든 우리에겐 양촌리 회장님 댁 부인이다.

배우 박은빈과 김혜자 선생님의 미소는 항상 우리에게 훈훈함을 제공하고, 때론 그 미소를 보는 우리도 입가에 같은 미소를 짓게 하는데, 이런 현상을 전문적으로는 '감정 전염 emotional contagion'이라고 한다. 코로나 같은 바이러스만이 사람 간에 전염되는 것이 아니라, 우리의 미소도 그렇다는 것이다.

미국의 정신분석학자인 제럴드 프레더릭 쇼엔울프Gerald Frederick Schoenwolf는 이런 감정 전염은 한 그룹에서 다른 그룹으로 즉각적으로 일어나고, 사회적 상호작용을 통해 의도 유무와 관계없이 전염된다고 했다.

누구나 한 번쯤은 이런 경험을 해보았을 것이다. 엘리베이터 안으로 들어설 때 어색함을 피하기 위해 내가 먼저 약간의 미소라도 지으면, 사람마다 다르겠지만 상대방도 입꼬리를 약간이라도 올리는 경우가 적지 않다. 미국 같은 서양에서는 엘리베이터에 같이 올라타게 되면 서로 먼저 자연스럽게 "굿모닝!"이라고 인사하면서 미소 짓는 경우가 다반사지만 말이다.

미소는 나의 의지와 노력에 의해 가능하고, 주위 사람에게도 전염되는 아주 귀한 선물이다. 실제로 아이의 미소가 엄마의 뇌에 미치는 영향을 MRI_{자기공명영상장치}로 관찰한 연구 결과를 보면 더욱 놀랍다. 아이 덕분에 미소 짓는 엄마의 뇌에서는 행복 물질인 도파민이 분비된다는 것이다. 이런 엄마의 미소는 아이에게도 항상 큰 행복감을 주게 된다.

　미소는 이유 여하를 막론하고 매력적일 수밖에 없고, 주위에서는 그에게 '기분 좋은 전염'을 받는 셈이다. 미소를 생각하면 주위에서 많은 분들의 얼굴이 떠오르는데, 가장 대표적인 분은 권덕철 전 보건복지부 장관이다. 감정 전염을 일찍이 알고 표정관리를 했는지 알 수 없으나, 항상 미소가 가득한 분이다. 무거운 주제의 회의를 할 때라도 그의 미소가 회의실을 채워서인지 한결 부드러운 분위기였던 것으로 기억된다. 그의 인기가 퇴직 후에도 시들지 않은 것은 아마도 평소 권 장관의 '미소 공덕'이 적지 않게 기여하지 않았을까 싶다.

　오랜 기간 안 것은 아니나, 연세대학교 동문회장인 이경률 SCL그룹 회장도 이에 버금가는 수준이다. 생태학자인 최재천 이화여대 석좌교수도 눈가와 입가에 미소 근육이 잘 발달하신 분이다. 어찌 보면 자신들이 살아오면서 사업 혹은 연구 분야에서만 큰 업적을 남긴 것이 아니라, 이런 미소 전염에도 주위에 크게 기여하지 않았을까 싶다.

　나는 카페나 식당에서 종종 사람들을 관찰하곤 하는데, 미소를 잘 짓는 사람들을 보면 어떤 이들은 옆에서 보기에도 흐뭇하고 자연스럽지만, 어떤 사람들은 왠지 어색하다. 미소가 얼굴 전체에 환한 표정을 불러일으키기보다 입가만 살짝 올라간 느낌의 어정쩡한 미소는 조금 부담스럽기도 하다.

　단체 사진을 찍는 경우도 그렇다. 조금 전에 누군가와 다툰 사람처럼 입을 꽉 다문 채 포즈를 취하는 사람도 있다. 어떤 이는 너무 과하게 치아를 드러내고 장난스러운 표정을 보이는 경우도 가끔 있다. 딱딱한 느낌보다 나을 수 있겠지만, 자칫 잘못하면 어색하기 짝이 없게 된다.

　그러면 우리도 흐뭇하고 환한 미소를 만들 수 있을까? 답은 당연히 "가능하다."이다.

　배우 박은빈과 김혜자 선생님의 미소만큼은 아닐 수 있지만, 개인적인 판단으로 보면 항공기 승무원의 미소가 가장 밝은 느낌이다. 우리가 일상을 살아가면서 누군가와 첫 대면할 때 지을 수 있는 가장 어울리는 표정이지 않을까 싶다.

"안녕하십니까! 탑승권 좀 보여 주시겠습니까?"

"네, 이쪽 통로로 가시면 됩니다."

탑승권을 손에 쥐고 기내로 들어설 때, 승무원들은 좌석번호를 담담한 톤으로 물어보면서 자연스러운 미소를 유지한다. 승무원의 이런 미소는 오랜 연습에서 나온다. 승무원처럼 오랜 기간 학원에 다니면서 연습할 수는 없지만, 건강한 미소를 유지하기 위해서 입가를 자연스럽게 올리는 연습을 해 보는 것도 필요하다.

승무원들은 거울 앞에서 입꼬리를 양옆으로 활짝 올리는 연습을 해서 얼굴 근육이 평소에도 자연스럽게 움직일 수 있도록 노력한다고 한다. 내가 미소를 지었을 때 어색해 보인다면 이는 평소에 입꼬리 근육을 거의 쓰지 않기 때문이다. 입과 눈 주변의 근육을 자연스럽게 사용해서 미소 짓는 표정을 연습하면 된다. 즐거웠던 일이나 멋진 계획을 상상하는 것만으로도 잔잔한 미소를 만들 수 있다. 어렸을 적 즐거웠던 일들, 연인과 데이트할 때의 생각, 사랑하는 가족과 산책하던 일, 겨울 여행을 계획하고 세우는 일, 모든 것이 밝은 미소를 불러일으킬 수 있는 소소한 즐거움이다.

나의 이런 미소는 나만의 즐거움으로 끝나지 않는다. 내 기분이 미리 '업'돼 있다면, 만나는 사람에게도 그 느낌이 전염되기 때문이다. 혹은 즐거운 이야기를 하는 시발점이 그 미소에서 시작될 수도 있다. 미소 근육은 자신의 노력과 시간 투자에 따라 그 크기가 좌우된다.

불교 경전인 《잡보장경雜實藏經》에 나오는 부처님 말씀인 '무재칠시無財七施'(재물이 없어도 남에게 나눠줄 수 있는 일곱 가지) 중 하나가 '화안시花顔施'이다. 돈이 아니더라도, 밝은 미소로 남을 대하는 것 자체가 남에게 도움을 주는 것이라는 말이다.

"혹시 요즘 뭐 좋은 일 있으세요?"
"미소가 너무 환하시네요!"

옷 속에 감춰진 복근만 키울 게 아니라, 매일 누군가에게 보여 주는 미소 근육을 키우는 것, 또 다른 내 매력 만들기의 노하우이다.

꾀꼬리 목소리는 아니더라도

"사람들은 상대방의 목소리를 들으면 2초 이내에 호불호好不好 판단을 내립니다. 만약 상대방이 당신에게 호감을 느꼈다면 이미 상대방은 당신의 질문에 "예!"라고 긍정적인 답을 할 기회를 기다립니다. 반대로 당신에게 좋은 느낌을 받지 못했다면 그 반대의 상황이 벌어진다는 거죠."

실제로 이렇게 될 수 있을까? 각자의 성향과 기질에 따라, 혹은 개별 문화에 따라 차이가 있을 수 있겠지만, 적어도 하버드 보건과학대학Harvard School of Health Science 연구 결과에 따르면 사실이다.

"아니, 겨우 목소리 하나를 가지고 저렇게 짧은 중요한 판단을 내린다고?"

물론, 이렇게 반문할 수도 있겠지만, 곰곰이 생각해 보면 목소리는 상상 이상으로 우리가 누군가를 판단할 때 큰 영향을 준다. 우리 가족, 내 친구, 직장 상사 등의 목소리를 떠올려 보면 우리 머릿속에 떠오르는 각각의 특징이 있다. 세월이 가도 그 목소리는 거의 변하지 않는다. 특히, 가수들의 목소리를 생각해 보면 쉽게 이해가 된다.

카랑카랑한 목소리, 묵직한 목소리, 투명한 목소리, 탁한 목소리. 이 목소리는 다시 조금 더 나아가면 그 사람의 인상과도 연결된다. 친절한 목소리, 착한 목소리, 겸손한 목소리, 퉁명한 목소리……. 그 목소리만으로도 우리는 상대방을 판단할 수 있다. 광고에 흘러나오는 목소리가 영화배우 이병헌이라면, 그 울림이 있는 저음으로 그의 연기는 물론, 광고에도 신뢰성을 더하기 마련이다.

그만큼 목소리는 독특하고 자신만의 색깔을 유지하는 도구이다. 목소리를 '제2의 얼굴'이라고 하는 이유가 여기에 있다. 그 목소리의 톤, 음조, 강도에 우리의 희로애락이라는 감정이 고스란히 녹아들어 있기 때문이다.

"그 가수는 참 호소력이 좋은 것 같아."

"저런 목소리는 처음 들어 봐요. 화가 많이 났나 봐요."

메라비언 '30초' 연구에서도 언급되었듯, 커뮤니케이션에 있어 목소리(38%)는 언어 콘텐츠(7%)보다도 훨씬 높은 비중을 차지한다. 어떤 말을 하는지 그 내용보다도, 어떻게 말하는지가 더 중요하다. 같은 내용이라도 전달 방식에 따라, 즉 목소리에 따라서 상대방에게 달리 들리기 때문이다. 그렇기에 목소리는 수많은 사람의 심금을 울리기도 하고, 때론 새로운 역사의 출발점이 되기도 한다.

미국에서 흑백 갈등이 심했던 1960년대. '나에게 꿈이 있습니다I have a dream'라는 제목의 마틴 루터 킹 목사의 연설은 흑인 인권운동의 새로운 역사를 이끌었다. 연설 내용도 진정성이 있었지만, 그의 간절하면서 호소력 있는 목소리는 흑인과 백인이 함께하는 시대 변화의 시작점이 되었다. 우리나라에서는 정치적 성향과 무관하게 고 노무현 대통령의 솔직한 언변과 쩌렁쩌렁한 목소리 역시 그에 대한 향수를 불러오기에 충분하다.

그렇다면 어떻게 해야 할까?

우리가 목소리 자체를 인위적으로 바꾸기는 어렵지만, 노력을 통해 목소리의 '이미지'를 개선해 목소리가 주는 매력은 바꿀 수 있다. 적어도 상대방에게 불쾌감을 느끼지 않게 할 수는 있지 않을까. 아나운서나 승무원이 학원에서 부단한 노력을 통해 연습하는 것도 이 때문이다. 어느 정도의 노력과 실천으로 목소리의 '톤 & 매너'를 좀 더 다정하게 혹은 힘 있게 바꿀 수 있다.

어렸을 적 보았던 미국의 인기 TV 시리즈 〈스타스키와 허치〉에서 스타스키 역할을 맡았던 성우 배한성 씨는 원래 목소리도 좋지만, 그 목소리를 위해서 엄청난 노력을 한 것으로 유명하다. 배한성 씨와 함께 단짝 형사인 허치 역할을 맡았던 성우 양지운 씨도 마찬가지다. 2년여 동안 '엑스트라 목소리' 역할만 하다가 고치기 힘든 경상도 사투리를 서울 표준어로 부단히 노력해 고쳤고, 이후 〈600만 불의 사나이〉를 비롯해 미국 배우 해리슨 포드, 로버트 드 니로, 멜 깁슨 등의 목소리를 도맡아 하는 등 목소리 연기의 대가로 변신했다.

이들의 공통점은 호흡 훈련이다. 숨을 깊게 들이마시고 천천히 내쉬는 훈련을 하면, 호흡이 거칠어지고 침이 마르는 듯한 목소리를 줄일 수 있다. 첫 입사 면접에서 누구나 긴장을 안 해본 사람은 없을 것이다. 이럴 때도 긴 호흡이 필요하다. 또 자신감 있는 목소리를 위해서는 물을 충분히 섭취하고, 말하기 연습을 실제로 해보는 것이 중요하다.

강의를 자주 하는 나는 학생들이 발표 준비를 할 때 눈으로만 읽으면서 준비하는 경우를 자주 본다. 이럴 때 발표를 시키면 대부분 목청이 트이지 않아서 듣는 사람도 거북하고, 본인 스스로도 위축되는 모습을 자주 보게 된다. 목소리 때문에 발표 자체를 망칠 수도 있다.

그래서 나는 외부 강의 등을 할 때는 가급적이면 미리 도착해서 현장에 있는 분들과 이야기를 나눈다. "오늘 강의 듣는 대상은 주로 어느 분야에서 오신 분이세요?", "몇 분이세요?"라고 대화하면서 편안한 마음으로 강의를 준비하면 처음에 시작할 때도 수월하고, 수강생들도 듣기에 불편하지 않게 된다. 가끔 시간에 쫓기다 보면 매번 이렇게 편안한 강의 준비를 할 수는 없지만, 미리 준비해서 목소리를 자연스럽게 가다듬으면 강의 평가 향상에도 큰 도움이 된다.

특히, 방송 출연 전에는 더욱 중요하다. 분장실에서 관계자들과 자연스럽게 이야기를 하고, 동료 출연진과 안부인사를 주고받으면서 시간을 보낸다. 자동차로 치면 '예열'하는 셈이다. 그래야 이른바 '삑사리'라는 목소리 사고가 나지 않고 자연스럽게 방송을 시작할 수 있기 때문이다.

기억해 보면, 누구나 한 번쯤은 어렸을 적에 웅변학원을 다닌 경우가 있을 것이다. 목소리 스타일의 변화를 원한다면 요즘은 이름이 바뀐 스피치학원에 가 보는 것도 한 방법이다. 직장에서 중요한 프로젝트 발표를 하거나, 세미나에서 연구 결과를 발표할 때에 보면, 목소리의 중요성은 더욱 실감이 난다. 같은 내용이라도 목소리에 따라 더 신뢰감을 얻으면서 상대방의 주의를 끌 수 있게 된다. 식당이나 카페에서 남녀를 불문하고 목소리가 좋으면 한번 돌아보게 되는 게 인지상정이다.

스피치학원에서 들려주는 이야기는 크게 세 가지로 요약될 수 있다.

첫째는 심호흡이다. 긴 호흡은 목소리에 힘을 불어넣는다. 그래야 목소리에 울림이 있다. 숨이 짧으면 듣는 사람이 답답할 정도로 입에 침이 마르고, 마치 촛불이 꺼져 가는 듯한 힘없는 목소리가 나오기 일쑤이다.

둘째는 발음이다. 성격이 급한 탓인지 모르겠으나, 혼자 중 얼거리는 것처럼 말하는 경우들이 적지 않다. 마치 혼잣말처럼 이야기하면서 입에서 소리가 맴돌다 보니 듣는 사람 입장에서는 답답한 경우가 한두 번이 아니다. 아나운서가 방송 전에 자주 한다고 하는, 이른바 "아, 이, 우, 에, 오"를 소리 내서 명확하게 발음하는 것도 큰 도움이 된다.

마지막으로, 본인 목소리를 녹음해서 들어 보는 방법이다. 남의 이야기나 악기 연주만 녹음해서 다시 들어 볼 게 아니라, 자신의 목소리를 녹음해서 들어 보면 도움이 된다. 처음엔 '이게 내 목소리 맞아?'라고 생각할 수 있지만, 남들이 듣는 목소리가 그 녹음된 목소리이다. 훨씬 더 내 목소리를 객관적으로 바라볼 수 있어 목소리 스타일을 고치기도 수월해진다.

노력해 보자. 얼굴도 잘생기고 목소리도 좋은 신동진 아나운서 수준은 아니라도, 자기 의견을 똑바로 전달할 정도의 자신감 있는 '청결한' 목소리가 불가능한 것은 아니다.

매력은 눈맞춤에서

"아이고, 얘가 왜 이리 수줍어하니! 숫기가 없나?"

1970~80년대 초등학교가 대부분 그랬겠지만, 요즘처럼 앞으로 나와서 발표하는 게 일상화되지 않은 시절이다. 선생님이 발표를 시키면 부끄러워서 혹은 긴장이 돼서 그런지, 평소 친하게 놀던 친구들과도 눈을 마주치지 못했던 것 같다.

눈맞춤 문제는 갓난아이를 둔 엄마의 애간장을 태우는 일이기도 하다. 갓 태어난 아이는 거의 사물을 식별하지 못한다. 굳이 시력으로 치면 0.05. 시신경이 발달하지 않은 탓에

44

물건의 흐릿한 명암이나 흑백 정도만 구분할 정도이다.

그러면 보이지도 않는 엄마를 아이가 어떻게 알 수 있을까? 사실은 안다고 하기보다는 느낀다고 하는 말이 맞을 법하다. 엄마 배 속에서 들었던 따뜻한 엄마의 목소리, 그리고 엄마의 푸근한 향기가 엄마 배 속에서 나온 뒤에도 아기를 엄마 품에서 곤하게 잠들게 한다.

아기가 생후 100일부터는 제법 물건도 구분하는 시력이 되는데, 이때 아이가 엄마랑 눈맞춤을 제대로 하지 못하면 엄마는 가슴이 철렁 내려앉게 된다.

'혹시나 우리 아이가 앞을 보지 못하는 건 아닌가?'

'아니면, 혹시 자폐 증상이 있어서 그런가?'

광속으로 인터넷을 검색해 관련 정보를 찾아보거나, 소아 안과로 달려갈 수밖에 없다. 다행히 아이가 어느 순간 엄마랑 눈맞춤을 하면, 안도의 한숨을 쉬거나, 기쁨의 눈물을 흘리는 게 엄마의 맘이다.

성인이 되어서도 눈맞춤은 중요하다. 사실 여기서부터가 우리가 이야기하는 매력의 조건인 '눈맞춤'이다.

눈맞춤. "마주한 두 사람이 상대의 눈을 바라보며 서로의 시선을 일치시키는 커뮤니케이션"이다. 위키백과에서는 이렇게 눈맞춤을 '커뮤니케이션'으로 정의하였는데, 우리가 그간에 살아온 방식이나 문화로 치면 사실 커뮤니케이션으로 보기에는 조금 낯선 측면도 있다. 서양 문화권에서야 눈맞춤은 자연스러운 소통 수단이었겠지만 말이다.

"어, 눈을 못 마주치시네요. 부끄러우신가 봐요. 첫눈에 반한 듯."

가끔 TV에서 남녀 미팅 프로그램에 보면, 한 사람이 다른 사람에게 호감을 갖고 반한 듯한 느낌일 때, 두 사람의 미팅 모습을 관찰하는 사회자들이 약간 놀리는 투로 흔히 하는 멘트이다.

"아니, 어디 눈을 똑바로 뜨고 있어. 어른이 말씀하시는데."

요즘에 누가 이런 이야기를 한다면, 완전히 '라떼는'이라는 꼰대 이야기처럼 비쳐질 수 있다. 하지만 우리 사회에서는 그간 눈맞춤 자체가 그리 적극적으로 권장되는 사회가 아니었던 것임은 분명하다.

그러나 글로벌화된 요즘, 눈맞춤 혹은 눈인사는 첫인상에서 가장 자연스럽고도 중요한 포인트 중 하나이다. 눈 자체가 감정과 의도를 전달하는 매우 중요한 수단이며, 상대방의 눈을 보고 대화하는 것은 서로에게 신뢰와 친밀감을 동시에 줄 수 있다.

특히 상대방의 눈을 피하지 않고 이야기하는 것은 상대방에 대한 존중과 관심의 표현이다. 친구 관계는 물론 비즈니스 상황에서도 더욱 그렇다. 눈을 맞추는 것은 사람의 마음을 얻는 것과 유사하다.

실제로 미국 예일대학교Yale University 연구에 따르면, 눈맞춤을 잘할수록 상대방에게 지적이고 긍정적인 이미지를 심어준다고 한다. 안정적으로 한 곳을 바라보지 못하거나, 얼굴 밑이나 주변만 바라보고 있으면 상대방은 '나랑 같이 있는 것이 싫어서 그런가?'라고 생각할 공산이 크다. 물론, 작심하고 부러 상대방이 싫어서 그런다면 모를까, 그럴 의도가 아니라면 삼가야 할 부분이다.

눈맞춤은 단순히 이미지에만 영향을 주는 것이 아니다. 적게는 수억 원에서 많게는 수십 억 원이 걸린 수주 경쟁에서 붙고 떨어지는 결정적인 요인이 될 수도 있다. 예컨대 홍보 대행사가 프로젝트 심사평가를 받을 때 중요한 게 발표자의 종합적인 역량인데, 그중 하나가 눈맞춤이다.

과거 정부 부처에 있을 때, 저출산 극복 캠페인, 금연 홍보, 예방접종 증진 등을 위한 대행사 선정에 평가 심사위원으로 들어가는 경우가 있었는데, 이때 심사위원들마다 평가 중점 사항이 조금씩 다를 수 있겠지만, 눈맞춤은 평가의 기본 요소였다. 문서상에 '눈맞춤'이 평가항목으로 자리 잡지는 않지만, 심사위원들이 저마다 발표 내용의 신뢰성 혹은 실행능력 등을 평가할 때 암묵적으로 눈맞춤이 들어가는 것이다.

물론, 시선 처리가 제대로 안 된다고 해서 그 홍보대행사의 홍보 역량이나 준비해 온 콘텐츠가 안 좋다고 말하기는 어렵다. 하지만 심사위원을 제대로 쳐다보지 못하면, 뭔가 불안해 보이거나 진심이 전해지지 않는다. 마치 '죄송합니다. 저희가 준비를 덜 했습니다. 사실 그래서 눈을 마주치기가 어려워요.'라고 암시해 주는 느낌이다.

대신에 심사위원들과 눈을 자연스럽게 마주치면서 파워포인트 발표 자료로 다시 눈길이 돌아가고, 편안하게 발표 내용을 설명해 나가면 '제가 이 내용을 잘 알고 있습니다. 잘 봐주세요!'라고 하는 것 같다.

때문에 심사평가가 완료된 후 점수를 줄 때는 콘텐츠의 중요성도 당연하지만, 결국 발표자에 대한 신뢰도도 큰 몫을 할 수밖에 없다. 시각적인 게 중요하다는 메라비언의 법칙이 현실에서도 많은 부분 적용될 수밖에 없는 이유이다.

나중에 심사위원들의 평을 종합해 보면 결국 '눈맞춤 발표자'가 여러 면에서 좋은 점수를 얻는 경우가 적지 않다. 청중이나 관객과 눈으로 소통한다는 것은 기본적으로 발표 혹은 강의 내용을 충분히 숙지하고 왔다는 의미이고, 그런 덕분에 훨씬 더 여유롭게 콘텐츠의 강점을 잘 전달할 수 있게 된다.

물론, 눈맞춤이 쉬운 것이 아니다. 개인적으로, 사회적으로, 혹은 문화적으로 눈맞춤을 꺼리는 경우도 있다. 스스로 어떤 경우에든 마음이 초조하고 불안한 상황이라면 어디에 시선을 두어야 할지 막막하기만 하다. 그 눈을 바라보는 상대편 입장에서 보면, 눈을 통해 말하는 사람의 심리 상태를 파악할 수 있게 된다. 눈이 마음의 창이라고 하는 이유가 여기에 있다.

그렇다고 해서 너무 '강렬한 눈맞춤'을 하는 것 역시 자제해야 할 대목이다. 적절한 시선을 유지하는 게 중요하지, 오히려 상대방에게 불편함을 줄 수 있고, 자칫하다간 오해까지 부를 수 있는 게 시선 처리이다. 가끔 상대방의 눈을 잘못 봐서 오해를 불러오고 싸움까지 나는 경우도 적지 않다.

상대방의 눈을 자연스럽게 봐야 하고, 1~2초 정도 눈을 응시한 뒤에 나머지 2초는 미간을 쳐다보길 권한다. 물론 대화 내용에 따라 시선을 자연스럽게 이동해야 순조롭게 이야기가 진행될 수 있다. 이 동작을 계속 반복하기보다는 고개를 끄덕이거나 입꼬리를 올려서 상대방의 이야기를 잘 듣고 있다는 점을 알려 주면 된다.

강의할 때가 특히 그러하다. 여러 학생 혹은 방청객이 있는 상황에서는 가능하면 전체적으로 골고루 균형감 있게 '시선 배치'를 해야 한다. 앞에 있는 학생도 보고, 뒤쪽에 있는 학생도 보고, 마치 야구장 1루, 2루, 3루 등 내야를 비롯해 외야수 있는 곳을 넘어 관중석까지 전체를 둘러보듯 시선 처리를 하는 게 중요하다. 특히, 요즘처럼 발표 혹은 연설을 통한 설득 커뮤니케이션이 중요해진 상황에서는 아이 때부터 눈을 잘 맞추는 습관을 만들어 줘야 한다.

아이폰도 눈을 맞추지 않으면 안 열린다. 상대방의 눈을 바로 보면서 대화하는 연습을 해보시라. 그럴 상대방이 없거나 쑥스럽다면 거울을 보고 혼자 연습해도 좋다. '눈은 마음의 거울'이라는 말이 괜한 말이 아니다.

✳ '제스처'로 말하기

야구를 보면 투수와 포수 간에, 혹은 코치와 주자 간에 손과 다른 신체 부위를 사용해 많은 사인을 주고받는다. 상대편이 모르게 어떤 공을 던질지, 때로는 언제 도루할지 등을 손짓과 몸짓을 통해 결정하는 것이다.

이 사인은 상대편이 알면 안 되기 때문에 때에 따라 바뀌지만, 그렇게 바꿔도 어느 정도 알 수 있는 만큼, 상대편은 이른바 '사인 훔치기'를 한다. 예컨대 2루에 나가 있는 우리 편 주자는 2루석에서 상대편 포수와 투수가 주고받는 사인을 보고, 이를 타석에 있는 우리 편 선수에게 사인으로 알려 주는 것이다. 모든 게 목소리가 아닌 몸으로 하는 제스처이다.

학문적으로 이야기하면 커뮤니케이션을 크게 언어적 커뮤니케이션과 비언어적 커뮤니케이션으로 구분하는데, 비언어적 커뮤니케이션의 핵심이 바로 제스처다. 우리말로는 '몸짓'과 '손짓'으로, 영어로 하면 '보디랭귀지body language'로 표현될 수 있다.

제스처는 머리와 손, 팔 등 신체 부위의 움직임을 통해 상대방에게 나의 생각이나 의견을 보다 정확하게 전달하기 위한 필수적인 의사소통 수단이다. 앞에서 자유롭게 제스처를 취하면서 이야기할 때와, 전화기 너머로 목소리만으로 이야기할 때를 상상해 보자. 몸짓이 얼마나 이해력을 높이는 데 도움을 주는지 짐작이 간다.

특히, 제스처가 중요한 것은 제스처가 말에 비해 더 '정직하다'는 점 때문이다. 사회심리학자인 조지 허버트 미드George Herbert Mead는 손이나 몸의 움직임은 사람의 내면적인 심리과정이며, 사회적 관계를 성립시키는 수단으로 해석했다.

실제로 말은 우리가 생각을 통해서 상대방에게 그 의도를 전달하기 때문에, 가끔은 '의도적인 왜곡'을 통해 사실 여부를 구분하기 어렵게 만드는 경우도 있다. 오죽했으면 수사 상황에서는 거짓말탐지기를 동원해 말의 진위를 따지겠는가. 말은 의도적으로 사실을 호도하거나 은폐할 수 있기 때문이다. 때로는 사실이 아닌데도 말하는 사람 스스로는 특정 내용을 사실처럼 믿고 이야기하는 경우도 적지 않다. 우리가 기억하고 있는 메모리 중 20~30%가량은 사실이 아닌데도 사실처럼 저장되기도 한다. 본인이 부러 거짓말을 하려고 한 게 아님에도, 기억하는 경험, 인식, 성향에 따라 본인이 원하는 방식으로 머릿속에 배열이 된 탓이다.

미국 시카고대학교University of Chicago의 연구 결과에 따르면, 특정 상황을 보여 준 뒤 자동차 사고 현장을 목격한 사람들에게 사고 속도에 관해 질문했더니, 질문 방식에 따라 사고 속도를 달리 말하는 상황이 연출됐다고 한다.

하지만 제스처는 다르다. 언어적 소통에 비해 상대적으로 무의식적으로 혹은 자발적으로 일어나는 게 일반적이다. 긴장하면 몸이 움츠러들고, 즐거우면 몸이 가벼운 느낌이고, 공포가 엄습하면 몸이 스스로 떨리는 경우가 대부분이다. 말은 속일 수 있지만, 몸은 속이기 어렵다는 말이 이래서 나온다.

또한 제스처는 대화를 풍요롭게 하고, 때로는 친근감을 배

가시킨다. 대화 중에 상대방이 중요한 이야기를 논리 정연하게 설명했을 때, 듣는 내가 엄지손가락을 치켜세우는 건 '강력한' 동의 혹은 찬성의 의미이다. 물론 윗사람과 대화할 때 엄지를 들어 올리는 건 적절하지 않은 제스처로 해석될 수도 있겠지만, 젊은이들 사이에선 말보다 더 의미 있는 메시지 전달 수단이다.

상투적이면 곤란하지만, 고개를 끄덕이는 동작은 내가 경청하고 있음을 알려 주는 상대방에 대한 좋은 '리액션reaction'이다. 내가 해당 내용을 잘 이해했고, 그 내용에 대해 공감한다는 뜻이다. 말하는 사람에게 지금 하는 이야기를 계속해도 좋다는 신호로도 받아들여지고, 상대방의 이야기에 힘을 실어 주는 몸동작이다.

하지만 상대방의 이야기에 내가 공감하기 어려운 경우에는 이런 제스처를 하기 어렵다. 그럼에도 불구, 고객이기 때문에, 혹은 상사이기 때문에 어쩔 수 없이 그렇게 해야 할 자리라면 고개를 끄덕이는 행위는 '당신 이야기를 듣고 있습니다.'라는 신호인 만큼 너무 인색할 필요는 없다.

열 마디 말보다 한 번의 제스처가 더 호소력 있게 다가오는데, 그걸 잘 활용하는 게 이모지emoji이다. 카카오톡이나 텔레그램 등에서 각종 동물과 사람의 표정과 제스처를 담은 다양한 이모지가 많이 나오고 또한 많이 팔리는 이유가 그래서이다.

"고맙습니다!", "존경합니다!", "행복합니다!", "배고파요!", "안녕하세요!", "화나요!"

이런 말들을 제스처를 통해 쉽게 전달하는 게 말보다 더 강한 메시지를 전할 수 있기 때문이다.

나는 강의하면서 여러 청중을 만나고, 조금 여유가 생기면 이들을 관찰하곤 한다. 초보 강의 시절에야 강의 준비에 신경을 쓰느라 긴장한 나머지, 제대로 앞이 보이지 않을 때도 있었다. 반면, 조금씩 익숙해지면서 이제는 듣는 사람들의 사소한 움직임도 포착하게 되고 쉽게 이들의 반응도 체크하게 된다.

예컨대, 고개를 끄덕이는 청중에겐 눈맞춤을 더 자주 하게 되고, 청중이 더 반응하거나 호응하는 부분으로 조금 방향을 틀어 이야기를 더 전개하는 경우가 생긴다. 학생들이 아닌

일반 청중에게 점수를 줘야 하는 상황이라면, 당연히 공감의 제스처를 보낸 이들에게 점수를 더 줄 수밖에 없다. 그런 분이 학생이었다면 '자네는 A+일세.'라는 생각이 드는 경우가 허다하다. 강의하는 사람이나, 강의를 듣는 사람 모두에게 그만큼 제스처는 중요하다.

이런 몸동작은 메시지를 전달하는 화자에게는 그 중요성이 더 크다. 때문에 나도 강의하면서 가급적이면 내용 전달을 쉽게 하기 위해 손을 들어 올리거나 좌우로 움직이는 등 제스처를 쓰게 된다. 발표자가 자연스럽게 움직이면서 강조하고 싶은 부분에서 특정 제스처를 통해 전달하고자 하는 내용의 신뢰성을 높이거나 의미를 더 잘 전달할 수 있어서다.

미국 캘리포니아대학교 로스앤젤레스캠퍼스University of California, Los Angeles의 연구에 따르면, 동일한 영상이라도 제스처가 포함된 영상이 그렇지 않은 영상에 비해 시청자로부터 더 높은 평가를 받은 것으로 나타났다. 중요한 부분에서는 펜을 들어 흔들 수도 있고, 손을 들어 특정 방향을 가리켜 주의를 환기시키는 것도 좋은 방법이다.

물론 이러한 몸동작은 꼭 발표나 강의에만 적용되는 게 아니다. 우리가 일상생활에서 상대방과 이야기할 때도 자연스럽게 메시지를 전달하기 위한 도구로 손을 움직이거나 손바닥을 펴는 동작 모두가 전달력 제고에 도움을 줄 수 있다.

그렇다고 과도한 제스처는 금물이다. 같은 동작으로 반복적으로 사용하면 오히려 지루해 보일 수 있고, 말하려는 내용에 대한 집중도마저 떨어뜨릴 수 있다. 차분하게 이야기를 하되, 적절한 타이밍을 두고 긴장을 완화하면서 동작을 취하는 게 필요하다.

과거 웅변 연습을 해본 경험이 있다면, 제스처에 대해서도 한 번쯤 고민해 봤을 것이다. 거울 앞에 서서 몸동작을 취해보자. 핸드폰으로 찍어서 보는 것도 제스처를 자연스럽게 이끄는 방법이다. 친구들이, 동료들이 어색하다고 하면 그게 '절반의 성공'이다.

공통점을 찾아라

"저도요!"

"어, 저도 그 영화 좋아요!"

"나도 거기 가 봤는데."

공통점은 우리에게 동질감을 부여한다. 직장에서든, 학교
에서든 친해지거나 친밀감을 느끼는 상황을 되짚어 보면, 대
화하는 사람끼리 뭔가 공통점을 갖는 경우가 많다. 둘 사이
에 같은 취미를 발견했을 수도 있고, 고향이 같은 경우도 있
고, 동문일 수도 있다. 서로가 공통점을 발견했다면 만난 지
얼마 되지 않았더라도 해당 주제 혹은 공통점에 대해 금방

편하게 이야기를 할 수 있다. 대화에 정적이 흐르고 불편하기까지 한 상황은 우선 면할 수 있어서다. 특히, 스포츠의 경우 서로가 쉽게 이야기를 하면서 관계를 발전시켜 나갈 수 있는 가장 대표적 관심사이다.

이야기를 하다 보면 "맞아요!"라면서 공감을 표시하는 경우가 있는데, 이는 공통된 경험이나 관심사를 바탕으로 이야기를 나눌 기회가 열렸다는 뜻이다. 당연히 서로에게 공감할 가능성이 높아진 셈이다.

"어, 28사단 나오셨어요? 태풍부대? 저도 거기 나왔어요. 몇 년도 입대하셨어요?"

군대를 갔다 온 분들이라면 이 이야기가 나오면 그 자리에서 이미 '서열'이 정리되는 것을 느꼈을 것이다. 물론 서열 정리를 하고 싶지 않다면 굳이 군대 이야기를 할 이유는 없다. 그러나 대부분 남성들의 경우에는 여성들이 가장 싫어한다는 군대 이야기와 축구 이야기를 동시에 하다가, 자연스럽게 친구나 직장 이야기도 하게 된다. 그러고는 쉽게 이야기하기 어려운 각자의 삶에 대한 고민이나 애로사항을 공유하고, 잘하면 해법까지 찾게 된다.

이렇게 되면 다른 공통점을 다시 확인할 기회가 더욱 커지고, 대화에 더욱 흥미를 느끼면서 만날 당시의 목적이 무엇이든지 간에 그 관계를 발전시킬 수 있는 길이 더 확대된다. 남녀 관계라면 친구에서 연인으로 발전할 여지가 커지고, 직장 미팅이었다면 협업을 통한 문제 해결 능력을 키울 수 있는 기회가 열리는 것이다. 사업상 만남이라면 신뢰와 친밀감을 높인 덕분에 성공적 파트너로 인연을 맺을 가능성이 커진다.

공통점은 우리에게 어떤 의미일까?

비슷한 경험을 공유함으로써 상대방의 감정과 관점을 이해할 수 있게 된다. 당연히 서로에 대한 연결성이 강화됨에 따라 훨씬 더 빨리 친해질 수 있는 계기가 마련된다. 우리가 흔히 "오늘 처음 봤는데도 오래전에 뵌 분 같습니다."라는 말을 하는데, 이런 경우의 대부분은 서로가 서로에게서 공통점을 많이 발견했다는 뜻이다. 물론 의례적인 말일 수도 있지만, 대부분은 서로에게 조금 더 편안함을 느낄 수 있고, 대화도 조금 더 자유롭게 할 수 있는 발판이 마련된 것이다. 이를 비즈니스적 관점에서 보면, 서로 협력하고, 더 나아가서는 협업해서 공통의 목표를 달성하기가 수월해졌다는 뜻이다.

공통점을 찾으면 호감이 더 빨리 생기는 것은 분명하지만, 상대방에 대한 정보가 많지 않으면 공통점을 선뜻 찾기가 쉽지 않다. 때문에 중요한 만남이라면 상대방의 취미, 학교, 경력, 스타일 등을 미리 알아보는 것도 관계 발전의 속도를 높이고 깊이를 더하는 지름길이다. 하지만 자칫 잘못하면 자연스러운 만남 자체의 의미를 훼손시킬 수 있고, '뒷조사'하는 것처럼 비쳐져서 오히려 된서리를 맞을 수도 있으니 유의해야 한다.

그럼에도 불구하고 비즈니스 관계에서 공통점을 찾는 일은 필요하다. 대부분의 미팅 자체에 그 목적이 분명하게 존재하는 게 비즈니스 미팅인 만큼, 고객 혹은 파트너와 공통점을 미리 파악하는 것은 어찌 보면 당연하다. 아주 이질적인 분야가 아닌 경우에는 서로 이야기를 하다 보면 오랜 시간이 지나지 않아 선후배 혹은 전 직장 등에 대한 배경 설명을 통해 어렵지 않게 공통점을 확인할 수 있지만 말이다.

비즈니스 외에도 공통점 발견은 자연스러운 대화를 이어

나가는 데 매우 중요하다. 친구 간에도, 남녀 간에도, 직장 동료 간에도 동질감은 관계 발전의 핵심 포인트이다. 학교 생활을 되돌아보면, 1반과 2반 등으로 반이 나뉘면 같은 반은 서로 동질감을 느끼고, 반 대항 운동경기를 하면서 자신이 속한 반을 위해 응원의 목소리를 높이게 된다. 같은 취미의 직장 동료들이 모여 테니스를 치고, 등산 모임을 갖는 것도 같은 이치다.

그러면 공통점을 어떻게 잘 찾아낼 수 있을까? 사실 방법에는 왕도가 없듯, 나의 경험을 늘리는 것이 가장 중요하다. 독서와 영상시청 등 간접 경험을 통해 나의 경험을 쌓는 방법이 하나이고, 다른 하나는 운동과 행사 등에 직접 참여해서 내 실제 경험을 늘리는 것이다.

요즘 같은 경우에는 내가 알고 싶은 것에 대해서는 책은 당연하고, 유튜브 등을 통해 역사, 문화, 스포츠 등을 모두 손쉽게 확인할 수 있는 시대이다. 특히, 생성형 인공지능AI은 내 호기심이 열려 있는 한, 어떤 분야에 대해서도 대화를 통해 나의 간접 경험을 넓혀 줄 수 있는 기회를 제공한다.

과거에야 "내가 내성적이라서.", "활동적이지 않아서."라며 경험 부족의 이유를 들 수 있었지만, 지금은 직간접 경험이 내 의지에 따른 것이라서 이런 말은 변명으로 들릴 수밖에 없다. 때문에 모든 분야를 내가 해박하게 알 수는 없지만, 호기심에서 출발해 경험을 늘린다면 누구를 만나든 자연스럽게 공통점을 찾는 일이 그리 어렵지 않다.

다른 하나는 일상에 일어나는 일들을 자주 업데이트하는 것이다. 여러 가지 바쁜 일정에 남 일을 챙기거나 신문 보기가 쉽지는 않겠으나, 세상일에도 관심을 갖는 게 공통점을 찾는 가장 쉬운 방법이다. 학교나 회사 등 주위에서 벌어진 일에서부터 이스라엘의 팔레스타인 공격과 같은 여러 사회 이슈들까지, 호기심의 눈으로 세상을 바라보면 상식도 넓힐 수 있고, 누구와도 이야기하는 데 크게 불편함을 느끼지 않을 수 있다.

커뮤니케이션은 말 그대로 쌍방향 소통이다. 마치 시소를 타는 것과 같다. 체중이 무거운 어른과 어린아이가 시소를 타면 일방적으로 기울어져, 오르고 내리는 즐거움을 서로가 느낄 수 없다. 나의 이야기와 상대방 이야기를 밀고 당기면서 가야 한다.

설령 대화의 한쪽이 사회적으로든, 학식으로든 우위에 있다고 하더라도 대화의 균형은 '시소의 노력'을 통해서 가능하다. 마치 내가 어린 자녀와 시소를 탈 때와 같다. 몸무게 차이 때문에 시소 무게중심이 어른 쪽으로 내려올 수밖에 없지만, 내 발로 시소를 살짝 올려 주면 '의도적 균형'을 맞출 수 있다.

　서로 간의 대화에서도 마찬가지다. 내가 상대방을 리드해야 되는 상황이라면 공통점을 찾아서 대화의 균형을 맞춰 보라. 누구를 만나든 공통점을 찾아 보조를 맞추는 것, 매력적인 대화를 이끌 수 있는 좋은 기회이다.

감출 수 없는 표정

"분위기 파악도 못 하니! 너는 왜 그렇게 표정관리가 안 되니!"

누구나 한 번쯤은 살아가면서 가족이나 친구처럼 친한 사이로부터 이런 말을 들어 본 적이 있을 것이다. 그럴 때는 '아니, 그게 내 맘대로 돼야 말이지.'라고 생각하는 게 대부분이다.

표정. "마음속에 품은 감정이나 정서 따위의 심리 상태가 겉으로 드러남. 또는 그런 모습."(출처: 국립국어원 표준국어대사전)이다. 사전 정의로만 보면 위에서 이야기한 "표정관리가 안 된다.”는 말은 어찌 보면 당연하다. 왜냐하면 표정관리는 자신의 현재 감정을 얼굴에 드러내지 않거나 실제와 다르게 표현한다는 것인데, 기쁘거나 슬픈 감정을 의도적으로 조절해서 표정을 감추는 것은 사실 ‘신기神技’에 가까운 일이기 때문이다.

생각해 보자. 방금 전에 학교에서 친구랑 심하게 다투고 온 아이가 집에 들어올 때 ‘표정관리’를 하고 들어올 수 있을까? 직장 상사에게 업무처리가 미흡하다고 꾸지람을 들은 신입 사원이 곧바로 이어진 식사 자리에서 쿨한 표정을 지을 수 있겠는가? 물론 워낙 ‘멘탈’이 강하거나 별도로 특별교육을 받았으면 혹시 가능할지 모르겠다.

하지만 일상을 살아가는 사람들 대부분은 그런 감정을 무표정한 얼굴로 감추기가 어렵다. 감정은 내가 의도하지 않더라도 뇌를 통해 전해진 감정이 얼굴 근육을 통해 기쁨, 슬픔, 분노, 좌절 등으로 나타나게 된다.

어찌 보면 자신의 감정이 표정으로 안 나타나는 게 문제일 수도 있다. 표정이 없다는 것은 감정이 없다는 뜻일 수도 있어서다. 얼굴 표정에 감정이 너무 나타나는 것도 문제지만, 이렇게 무표정으로 이어 가는 것도 인생사에는 치명적인 문제일 수 있다. 외부 상황을 스스로 통제해서 표정을 관리한다면야 또 다른 차원에서 평가해야겠지만 말이다.

그래서 표정은 얼굴에 나타나는 '말이 없는 커뮤니케이션'이다.

예를 들어 보자. 내일 아침까지 사장님께 보고해야 할 문서를 갑자기 직장 상사가 나에게 같이 만들자고 하는 상황이 생겼다. 퇴근 무렵이지만 야근을 할 수밖에 없는데, 아빠의 생신이라서 가족끼리 모이기로 한 날이다. 고민하다가 상사에게 말한다.

"사실은 오늘 아빠 생일이라서 가족끼리 공연을 보기로 해서요. 어떡하죠?"

"아, 그래요? 그러면 들어가 봐야죠. 일단 내가 조금 늦더라도 할 수 있으니, 괜찮아요. 어서 가 보세요. 늦지 않게."

갑자기 생긴 일인 데다 이미 가족모임이 정해진 걸 이해하는 상사는 이렇게 답한다. 미안한 마음에 상사의 얼굴을 살짝 살펴보니, 상황을 어느 정도 이해하고 있다는 듯한 담담한 표정으로 말하는 것 같아 안도하며 "죄송합니다. 감사합니다."라며 사무실을 나간다.

다음에도 이와 유사한 일이 생겼다고 가정해 보자. 이번에도 어쩔 수 없어서 상사에게 상황을 설명하니 너그러운 상사는 이번에도 비슷하게 답변한다.

"그래요. 어쩔 수 없죠. 얼른 가 보세요. 나머지 일은 내가 정리할 테니."

하지만 상사의 표정을 보니 이번에는 다르다. 답변의 맥락은 지난번과 같지만, 난감한 표정이 역력하다.

'이거 참, 뭐라고 말하기도 그렇고. 거짓말을 할 친구도 아닌데. 요즘 애들은 참. 에이.'

실제로 말을 하는 것은 아니지만, 상사의 얼굴에는 그렇게 쓰여 있는 것만 같다.

그러면 얼굴이라는 화면에서, 표정이라는 글씨는 누가 쓸까? 바로 얼굴 피부 밑에서 표정을 제어하는 수많은 근육들이다. 표정은 나의 감정 상태에 따라 뇌를 통해 얼굴 근육으로 전달된다. 얼굴에는 43개의 근육이 있는데, 웃음 혹은 슬픔 표정과 관련이 있는 근육만도 입꼬리당김근(소근), 입꼬리올림근(구각거근), 입꼬리내림근(구각하체근), 큰광대근(대관골근), 작은광대근(소관골근) 등이 있다.

웃음을 짓더라도 억지웃음을 지으면 입꼬리당김근만을 쓰

게 되고, 환하게 웃는 표정에는 큰광대근이 동원된다. 얼굴은 43개의 근육 조합으로 수많은 표정을 만들어 나의 감정과 정서 상태를 드러내는 대표적인 커뮤니케이션 도구이다.

결국 표정관리를 하려면 표정 자체를 관리하는 것도 중요하지만, 앞 단에 있는 우리의 감정을 관리하는 것도 중요하다. 그래서 감정이 행동을 좌우하고, 감정이 태도를 결정한다는 말이 나오는 이유이다.

앞서 이야기한 미국 심리학자 앨버트 메라비언의 연구에서 나오듯 우리가 상대방으로부터 어떤 경로를 통해 호감을 느낄까를 추적해 보면, 55%가 시각 정보에 의존한다. 몸짓을 빼면 모두가 얼굴 표정으로 설명된다. 그래서 표정관리가 중요할 수밖에 없고, 그 이면에는 감정과 정서가 있는 것이다.

학교나 직장에서 우리는 수많은 사람과 관계를 맺는다. 오늘도 점심 자리에서 새로운 사람을 만날 수 있고, 새로 들어간 학원에서 새 친구를 사귈 수 있다. 이때 서로가 인사할 때 보는 것은 그 사람의 표정이다.

"엄마가 학원에서 그 선생님 만났는데, 참 인상이 좋더라."

"이번에 온 신입사원은 참 밝더라고."

　잘생긴 사람이 미팅에 나왔더라도 무뚝뚝한 표정으로 앉아 있는 사람과, 평범한 얼굴이라도 긍정적인 표정을 짓고 호응을 잘하는 사람과는 호감에 있어 분명한 차이가 난다. 얼굴 생김새에만 올인하는 것이 아닌 뒤에야 일반적이라면 표정이 좋고 밝은 사람을 더 선호하게 된다. 친구를 사귀든, 사업 파트너를 만나든, 인생의 동반자를 선택하든 결국 표정이 좋은 사람이 매력적이다.

　특히 나이가 들수록 이런 표정관리는 더욱 중요하다. 자신은 전혀 기분 나쁜 상황이 아닌데도 다른 사람이 보면 뭔가 안 좋은 표정으로 굳어진 사람이 있다. 특히 말수가 적다면 뭔가 화가 단단히 나 있다고 생각되는 경우도 있다.

　물론 화가 났을 때 화난 표정을 짓고, 기쁠 때 기뻐하는 표정이 얼굴에 있어야 하는 것은 당연하다. 하지만 그런 감정선에 너무 매몰되지 않는 나를 만드는 것도 생각해 볼 문제이다. 무표정한 표정으로 일관하는 것도 문제지만, 기복이 심한 표정 자체도 주위 사람들을 불편하게 하는 요인이다. 그런 사람과는 같이 있기가 불편하고 답답하다.

때로는 분위기 파악을 못 하는 경우도 표정관리 실수로 연결된다. 회사의 분기 실적이 최악으로 나온 날인데, 환한 표정을 지으면서 회의에 참여하는 것은 '역주행'이나 다름없다. 상사들이 좋아하기는 어려운 상황으로 이어질 수밖에 없다. 친구가 좋은 직장에 합격했다는 통보를 받았을 때, 가족을 하늘나라로 떠나보내는 상황이 왔을 때도 그에 맞는 표정은 중요하다. 공부로 배우기 어려운 분위기 파악이 그래서 중요하다.

표정은 평소 나의 인생관에서 나온다는 말이 있다. 온화한 표정을 유지하고 싶다면, 그에 맞는 긍정적 사고를 가져야 한다. 흐뭇한 일을 생각해 보라. 인생에서 즐거운 기억들을 떠올려 보라. 기분 좋게 큰 웃음을 지어낸 날을 기억해 보라. 감정선이 안정되면 표정도 달라진다.

"탐욕을 버린 얼굴, 너그럽고 덕스러운 얼굴, 지혜로 빛나는 얼굴, 이러한 얼굴들이 진정 아름다운 내면입니다."

《무소유》로 잘 알려진 법정스님은 표정과 관련해서 "자신의 얼굴을 만들어 가라."라고 했는데, 결국 표정은 내가 만드는 것이다.

당장에 해탈하듯 내면의 세계를 법정스님의 말씀처럼 가져갈 수는 없지만, 하나씩 마음가짐부터 연습해 보면 좋다.

"오늘 기분 좋은 일 있으신가 봐요."
"주말에 좋은 일 있으셨어요?"
"너, 표정이 몰라보게 좋아졌다. 최근에 뭐 좋은 일 있어?"

이런 말이 나올 때라면 성공의 시작이지 않을까.

Part 2

성공을 이끄는 소통

'안녕하세요'라는 인사도 만사다

내가 갓 대학을 졸업한 뒤 신입사원으로 언론사에 입사했을 때, 직속 선배가 신입 기자들을 모아 놓고 했던 첫마디.

"인사를 잘하자! 알겠나?"

지금도 이 말을 기억하는 이유는 당시 선배의 말, '인사를 잘하자.'가 명언이라서가 아니다.

'애들도 아니고, 직장에 들어온 후배들에게 고작 이런 이야기를 하나?'

당시에는 사실 이런 느낌이 솔직한 심정이었다. 하지만 사회생활을 지금까지 30년 정도 해온 지금, 이 말이 주는 의미에 100% 공감한다.

당시 그 선배의 주장은 이랬다.

"여기 들어올 정도면 대부분 능력은 크게 모자라거나 흠이 있는 것도 아니다. 평소 적극적으로 인사하다 보면, 주위에서 나를 알아볼 기회가 많게 되고, 긍정적인 평가를 받을 좋은 기회를 갖는 것이다. 그리고 인사하는 본인 스스로에게도 활력을 주지 않겠나."

그런 평가가 쌓이고 쌓여서 기자로서, 직장인으로서 나의 평판을 만들게 되고, 그게 곧 개개인의 커리어 관리에 큰 도움을 준다는 게 그의 요지였다.

인사는 일반적으로 상대방에게 안부를 묻고 예를 표하는 수단이다. 하지만 직장에서는 조금 더 범위가 넓어진다. 같은 공간에 서로가 함께 있다는 일종의 소속감을 공유하는 커뮤니케이션의 시작이다. 또한 서로 간의 긍정적인 관계를 유지하며, 상호 협력적으로 일할 수 있다는 일종의 쌍방향 신호이기도 하다.

"어, 안녕하세요? 오랜만이네요! 요즘 어디 다녀오셨어요?"
"아, 네. 잘 지내셨죠? 스리랑카에 프로젝트 때문에 한 달 넘게 갔다 왔어요."

이러한 인사는 '당신의 존재를 내가 팔로업하고 있습니다.'를 알려 주는 것으로, 상대방 입장에서도 반갑게 맞을 일이다. 물론 각자 상황이 다르고, 성격이 다르니 그 반응이야 다를 수 있지만 말이다.

인사만 잘한다고 해서 직장 생활이 순탄하거나 인생이 무조건 잘 풀릴 수는 없는 노릇이다. 하지만 처음 만난 누군가에게도 먼저 "안녕하세요!", "좋은 아침입니다."라고 자신감 있게 인사하는 것 자체가 큰 의미를 지닌다. 스스로 자존감을 높이면서 상대방을 배려함으로써 신뢰감과 평판을 올리는 계기가 되기 때문이다. 다른 누군가의 기억에 오래 저장돼 그가 우리를 필요로 하거나 도움을 주려고 할 때 먼저 찾게 된다.

인사하는 방법은 여러 가지이다. 학교나 직장 등에서 오랜만에 보는 상대방에게 먼저 다가가 목례를 하면서 "안녕하세요! 오랜만입니다."라고 반갑게 말하면 좋다. 보통 이 정도라면 상대방이 아주 바쁘지 않거나 모르지 않는다면야 같이 인사하기 마련이다.

상대방의 답을 꼭 기다릴 필요 없는 인사도 무방하다. 같은 사무실에서 보는 사이라면 자신의 목소리를 상대방이 들을 수 있을 정도의 크기로 인사하면 그만이다. 내가 인사를 했는데, 상대방이 아무런 반응이 없다고 서운해할 필요는 없다. 때에 따라서 상대방이 다른 생각을 하다가 내 인사를 흘려들었을 수도 있고, 혹은 원래 그런 스타일일 수도 있다. 서운해하면 나만 스트레스를 받게 된다. 나를 위한 일을 다 했다고 생각하는 게 마음도 편하다.

이런 인사가 무슨 대가를 바라서 하는 것이 아닌 만큼, 꾸준히 실천하면 인사 습관이 좋은 나를 만드는 지름길이다. 상대방에 대한 예의의 표시이고, 나의 즐거움이라고 생각하면, 상대방의 나이를 불문하고 머리를 숙여 인사하기가 수월해진다. 혹시라도 상대방이 나이가 적어 보이더라도 고개를 숙이는 게 요즘 말로 치면 더 '있어' 보인다.

온라인 인사도 오프라인 인사와 별반 다르지 않다. 첫 만남 이후 명함을 받아 핸드폰에 등록한 뒤에 문자나 카톡으로 안부인사를 하는 것도 존중과 친밀감을 표현하는 데 좋은 소통

방식이다. 나는 꽤 오래전부터 첫 만남 이후 명함을 빠짐없이 정리하고 상대방에게 인사를 한다. 먼저 명함을 핸드폰에 찍어서 저장한 뒤, 상대방에게 카카오톡으로 인사를 하는데, 좋은 게 한두 가지가 아니다.

상대방 연락처와 만난 장소 등을 핸드폰에 적어 놓을 수 있어서 나중에 필요할 때 명함을 찾아야 하는 수고를 덜 수 있다. 먼저 온라인 인사를 하면 상대방이 오히려 자신이 먼저 인사드렸어야 한다며 고마워하는 리액션을 받는 경우가 많다.

더욱이, 문자나 카카오톡 기록이 남아 있어 다음에 다른 일로 연락을 하더라도 서로가 덜 서먹한 느낌을 받는다. 세상을 살면서 남의 도움을 받거나, 내가 도움을 주는 경우가 많지 않으면 좋겠으나, 더불어 사는 게 인생이다.

남의 덕을 보자고 인사하는 것은 아니지만, 삶이 만남과 헤어짐이니 인사 잘한다고 손해 볼 것 없다는 그 선배의 말은 다시 생각해 봐도 명언이다. "인사를 잘하자." 했던 그 선배는 30년 가까이 언론 생활을 하면서 지금은 당시 회사의 자회사 사장으로 '승승장구'하고 있다.

근데 세상이 모두 내 마음 같지는 않다. 어떤 경우에는 정말 나는 열심히 기분 좋게 "안녕하세요!"라고 이야기를 했는데 상대방은 이를 무시하는 경우도 많다.

'어, 내가 뭘 잘못했나?'
'나한테 최근에 기분 상하신 게 있나?'

이런 상황에 봉착하게 될 때, 문제는 자신 탓을 하다 보면 상처를 받게 될 수도 있다는 것이다. 괜히 나만 위축되고, 다음에 다른 사람에게 인사하는 것도 주저하게 될 수도 있다.
결론은 자신을 탓할 필요가 없다는 것이다.

'어, 오늘 뭐 안 좋은 일이 있으신가?'
'많이 바쁘셔서 딴생각을 하시나?'
'뭐지, 저 통뼈는?'

그냥 편하게 인사를 받지 않은 상대방에게 귀책사유를 돌리는 게 좋다. 이렇게 생각하는 편이 내 자존감을 높일 수 있고, 마음도 편하다. 실제로도 그렇다. 인사를 했는데 안 받으면 상대방이 문제이지 내 문제는 아니다.

계속 인사를 해도 상대방이 인사를 안 받으면 그냥 쿨하게 '언젠가 본인에게 돌아간다.'라고 생각하라. 아니면 '난 내 갈 길을 간다. 너는 네 갈 길을 가거라.'라고 생각하면서 즐겁게 인사하는 것도 한 방법이다.

사회생활을 하다 보면, 정말 별사람이 다 있다는 말이 실감 나는데, 의외로 숫기가 없거나 쑥스러워서 인사를 안 받거나 못 받는 사람도 있다. 어떤 사람은 '그냥 내 일을 잘하면 끝!' 이라고 생각하는 이도 적지 않다. 세상에는 나와 다른 사람이 많다.

실제로 '수줍음shyness'을 연구한 미국 인디애나대학교Indiana University의 베르나르도 카두치Bernardo Carducci 교수에 따르면, 미국 기준이긴 하지만 연구 대상자의 성향을 조사해 보니 이 중 40%는 숫기가 없거나 수줍은 성격이었다고 한다. 우리 자신일 수도 있는 이런 부류의 사람들은 좀 더 자신의 생각을 긍정적으로, 적극적으로 바꾸지 않는 한 인사를 하기가 어렵다는 이야기이다. 결국, 인사를 하는 것도 중요하지만, 인사를 하지 못하거나 인사를 받지 않는 사람에 대해서도 일견 이해해야 한다는 뜻일 수 있다.

그럼에도 불구, "인사를 잘하자."라는 그 선배의 말을 나는 '강추'한다. 살아 보니 인사만으로도 '먹고 들어가는' 게 한둘이 아닌 듯하다. 인사는 상대방에게 호감을 주고, 상대방은 배려와 존중을 받는다.

직장 생활에서 알맞은 인재를 적재적소에 쓰는 인사人事도 만사萬事지만, 목청을 가다듬고 "안녕하세요!", "좋은 아침입니다."라고 하는 인사도 만사임은 분명하다. 향기는 향수에서만 나오는 게 아니다. 기분 좋은 인사에서 더 은은한 사람의 향기가 나온다.

달변이 나을까, 눌변이 좋을까

사회생활을 하면서 학교에서 배운 것과 다른 점을 꼽으라고 한다면 그중 하나는 '말 잘하는 사람'에 관한 것이다.

나 자신이 말을 유창하게 하지 못해서 그렇게 느꼈을지도 모르지만, 학교 때 기억을 더듬어 보면 이른바 말 잘하는 사람이 왠지 사회에서도 더 성공하고 더 잘나갈 것이라는 생각이 지배적이었던 것 같다. 아마도 선생님이 자주 거론했던 역사 속 인물이나 방송에서 자주 오르내리는 유명인들 중에 연설을 잘하는 웅변가가 많아서 그랬던 것 같기도 하다.

이런 인물들은 사실 대부분이 달변가이다. 생각이 빠르고 논리적이라서 말을 유창하게 한다. 덕분에 TV 토론 프로그램 등에 나오면 속사포처럼 말을 쏟아 내면서 상대방은 아예 기가 꺾여서 말을 못 하기도 한다. 유명인들 중에서는 고 김대중 대통령, 고 노회찬 민주노동당 대표, 유시민 전 보건복지부 장관, 한동훈 국민의힘 당대표 등, 대부분 보면 달변들이 정치, 경제, 사회 등 곳곳에서 화려한 스포트라이트를 받는 것도 사실이다.

반면에 눌변가는 어떨까? 단어와 문장 사이 '쉼표'가 많다. 대부분의 눌변가는 말의 속도가 느리고 정곡을 딱딱 찌르지는 못하는 경우가 적지 않다. 그럼에도 불구, 비록 조금 느리지만 핵심 내용을 상대방에게 진정성을 담아 제대로 설명해준다면, 나름 달변가 못지않게 좋은 평판을 받을 수 있다. 물론, 듣는 사람 입장에서 보면 말하는 사람이 눌변이라서 조금 답답할 수도 있다.

"요점만 말해 주시면 안 될까요?"
"저, 제가 지금 세종시에 내려가야 해서, 조금 빨리 말씀해 주시면 좋겠습니다."

시간이 촉박하거나 성격이 조금 급한 사람 입장에서 보면 눌변가를 만나면 인내가 한계에 이를 수도 있다. 하지만 조금 익숙해지면, 기대가 낮아서 그런지 조금 편안하게 대화도 가능하다. 어눌하게 말한다고 결코 기죽을 필요가 없다는 이야기이다. 다만 요점 정리를 잘해야 한다.

물론, 달변가들은 말을 능숙하고 막힘없이 잘해서 대중을 잘 설득하고 열광시킨다. 반면에 듣는 입장에서 보면 달변가들이 속사포처럼 이야기하는 바람에 너무 많은 내용이 우리 머릿속에 빠른 시간 안에 입력돼서 그런지, 되돌아보면 정말로 '저분이 무슨 말을 했지?'라는 생각에 머리가 멍할 때도 있다.

막힘없이 많은 양의 정보를 쏟아 내서 그럴 수 있겠지만, 대신에 달변들은 설화舌禍를 겪기도 쉽다. 확률적으로 당연히 그럴 가능성이 높다. 덤불 속에서 가지치기를 많이 한 사람의 옷이 더 더러워지는 것과 같은 이치이다. 대통령과 국회의원 등 정치인의 경우도 그렇고, 교수와 연예인도 그렇지만, 일반인들도 예외가 없다.

때로는 달변가에 대한 기대가 높은 탓인지 자칫 실수를 하게 되면 눌변가들보다 빨리 평가 절하되는 경우도 적지 않다. 혹은 "말은 하나도 틀린 게 없는데, 너무 잘난 체한다."라는 소리를 듣기도 한다. 특히 달변가의 경우 소셜미디어나 언론 인터뷰를 통해 자신의 발언이 잘 드러나는 경우가 많은데, 말의 양에 비례해 나중에 논쟁을 일으킬 만한 내용을 안고 가는 일이 허다하다.

말 잘하는 분을 폄하하기 위함이 아니다. 달변들에게는 기회도 많지만, 그만큼 실수할 가능성이 높아서 주의가 필요하다는 이야기이니 달변들은 오해가 없기를 바란다. 마치 영화 〈스파이더맨〉에서 스파이더맨 외삼촌이 말한, "위대한 능력은 큰 책임을 동반한다With great power comes great responsibility."와 같은 이야기이지 않을까.

눌변에 관한 이야기 하나. 지난 2020년 초부터 3년 가까이 전 세계를 감염병 대유행(팬데믹)에 몰아넣었던 코로나19는 지금 돌이켜 보면 전대미문의 쇼킹한 사건이었다. 누구나 코로나19와 관련된 경험이 있었겠지만, 코로나19는 나에게 방송과 꽤 오래 인연을 맺게 된 계기를 만들어 주었다.

코로나가 중국 우한으로부터 국내에 유입되어 환자가 조

금씩 늘어나던 2020년 3월 정도로 기억한다. 공직 생활을 마감하고, 학교로 와 있던 나에게 한 방송사에서 연락이 왔다.

"전에 보건당국에서 대변인으로 계셨던 박기수 교수님, 맞으시죠?"

"네, 맞는데요."

"저는 ○○TV 김○○ 작가인데요. 전에 장관님 출연 수행하실 때 연락처를 받은 게 있어서 전화 드렸는데요. 2015년 메르스 때도 내용을 아시고 해서요. 방송에 나오셔서 과거 경험 등 있으니 코로나 관련 이야기해 주시면 안 될까요?"

당시 조금 머뭇거리기도 했지만, 일요일 저녁 방송이라 일정이 있는 것도 아니고 해서 출연하기로 결정했다. 당시 방송사에서 감염병 상황과 정부 대응 등을 국민에게 알려 줄 수 있는 전문가를 물색하던 중에 보건복지부에서 근무한 경력이 있는 나를 해당 방송사의 작가가 물색해서 찾은 것이었다.

출연을 수락해 놓고 보니, 막상 별로 할 말이 떠오르지 않았다. '괜한 시간 낭비하는 거 아닌가?'라며 약간 후회도 했지만, 1919년 전 세계에서 5천만 명의 목숨을 앗아 간 스페인 독감Spanish Flu을 포함해 근래 들어 우리나라에서 발생한 2003년 사스중증급성호흡기증후군, 2015년 메르스중동호흡기증후군

사태 등 과거 감염병 관련 내용과 정부 대응을 모두 찾아서 내 경험을 곁들여 방송 준비를 했다.

방송 대담은 거의 처음이라서 조금 떨리기도 했지만 사회자의 질문에 조금씩 아는 대로 이야기를 들려주었다. 방송 원고가 있었지만, 그냥 읽어 내려가면 전달력도 떨어지고 이해하기도 어려울 것 같아 생각나는 대로 조금은 어눌하게 설명하다가 보니 15분가량의 생방송을 마쳤다.

"수고하셨어요. 잘하시네요."

방송이 끝난 뒤, 담당 작가가 인사하길래 그냥 의례적인 '나를 위로하려는' 인사말로 여겼다. 그런데 다음 날 다른 방송의 작가들로부터 이런저런 이야기를 하면서 연락이 오기 시작했다.

"박기수 교수님, 맞으시죠? ○○방송 뉴스 외전 프로인데요. 코로나 관련해서요, 내일 오후 2시에 출연 가능하세요?"

"안녕하세요? ○○방송 ○○○작가입니다. 나이트라인(11시 방송)인데요. 저녁 10시까지 방송국으로 와 주실 수 있으세요?"

이렇게 시작한 방송은 코로나 감염자와 사망자 수가 기하급수적으로 늘면서 거의 1년을 넘게 이어졌다. 많을 때는

KBS, SBS 등 공중파가 몰려 있는 여의도를 거쳐 TV조선, 채널A, 연합뉴스TV 등 종편 채널이 있는 광화문, 그리고 MBN, JTBC, YTN 등이 있는 상암동까지, 하루에 일곱 곳 이상을 옮겨 다니면서 방송 출연을 하기도 했다.

나중에 프로그램 작가, 아나운서, 앵커, 동료 출연진 등과 친해져 식사도 하면서 들은 이야기를 종합해 보면, 사실 나는 방송에 안성맞춤은 아니었다. 방송가에는 눌변과 달변 모두가 공존하긴 하지만, 사회자가 질문을 하면 속사포처럼 현재 상황과 찬반 입장, 향후 전망 등을 쉴 새 없이 쏟아 내는 달변가가 방송 섭외의 1순위이다. 시간이 금인 방송국 입장에서는 사회자의 질문에 따라 일사천리를 달려가는 달변이 최고라는 이야기다.

반면에 말은 다소 느리고 투박하지만 시청자들이 천천히 생각하면서 소화할 수 있도록 시간을 주는 눌변도 달변 못지않게 방송쟁이로 잘 활약하고 있다는 게 이들의 이야기였다. 대신 눌변의 경우에는 콘텐츠가 좋아야 하고, 사례나 비유를 들어 요점을 정확히 설명해야 '생존' 확률이 높다고 한다.

나는 결국 눌변이었다. 하지만 보건당국에서의 과거 감염병 대응 경험과 당시 코로나 상황을 예를 들면서 비교 설명해 주자, 당시 여러 방송을 모니터링하던 다른 작가들의 섭외 대상으로 당시 1순위로 올랐던 셈이다.

대표적인 눌변가가 또 있다. 1990년대 후반으로 기억된다. 당시 한국은행 출입기자였던 나는 한국은행 수장인 고 전철환 총재가 핵심 취재 대상이었다. 지금도 그렇지만, 한국은행은 우리나라 모든 금리의 잣대가 되는 '기준금리'를 매달 금융통화위원회 회의를 통해 발표하는데, 전 총재는 당시 회의 후에 기자실로 내려와 기자들로부터 수많은 질문을 받았다.

"○○신문 ○○○기자입니다. 금리를 언제쯤 내릴 건가요? 미국 연준리_{연방준비제도이사회}도 이미 지난달 금리를 0.50% 포인트나 내렸고, 경기가 불황기에 접어들었다는 분석이 잇따라 나오는데요."

"○○일보, ○○○인데요. 내리게 된다면 몇 % 포인트나 할 수 있을까요? 미국 수준으로 급격하게 인하할 수 있나요?"

마치 닦달하듯 기자들이 질문을 쏟아 내면 총재는 한 템포를 쉰 뒤, 답변을 시작한다.

"그게 말입니다. 지금 보건데……."

"예상컨대 말입니다. 아마도 그게……."

"어, 한 번 더 생각해 보고 답을 해야 할……."

기자들은 브리핑이 끝난 뒤 쓸 게 없다고 푸념하는 일이 적지 않았는데, 그때 후일담으로 전 총재는 "때론 눌변이 달변보다 낫다."며 노련한 장수처럼 기자들의 '칼날'을 피해 가곤 했었다.

달변가라고 자랑하지 말고, 눌변이라고 기죽을 필요 없다. 중요한 것은 진정성이고 콘텐츠이다. 달변가를 부러워할 필요도 없다. 눌변가들이여, 나만의 페이스로 나만의 콘텐츠를 만들어 보시라.

말해 놓고 생각하기 없기

생각하고 말하기.

사실 생각을 할 수 있으니까, 말을 할 수 있다. 하지만 여기서 말하는 '생각하고 말하기'는 "말해 놓고 생각을 해보니 후회할 말이었다면, 말을 하지 말라."라는 말이다. 예를 들어 단점을 지적해야 할 말이라서 '할까? 말까?' 망설여진다면 하지 말라는 뜻이다.

사실 생각하고 말하기는 우리 인간이 살면서 오랫동안 누구나 느끼는 문제였던 것 같다.

삼사일언三思一言 삼사일행三思一行.

세 번을 생각한 뒤 말을 한 번 하고, 세 번을 생각한 후에 한 번 행동하라.

공자가 제자들에게 한 말씀으로 전해지는데, 공자가 지금 으로부터 2,500년 전에 사셨던 분이시니, 생각하고 말하기 의 중요성은 아무리 강조해도 지나치지 않다.

어려서 말을 처음 배울 때는 여간 어려운 게 아니다. 어린 아이의 입에서 "엄~마"라는 말을 처음 듣는 부모로서는 그 렇게 감격스러운 순간이 또 있겠는가. 하지만 시간이 흐르고 흘러 아이가 유창하게 말을 하는 시기에 접어들면서 숨 쉴 틈도 없이 말을 쏟아 내는 상황에 이른다.

문제는 여기서 시작이다. 어렸을 때야 큰 문제가 아니겠지 만, 학교나 직장 생활을 하면서는 이처럼 반자동적으로 쏟아 내는 말뭉치들이 나중에 본인에게 큰 화를 불러일으킬 수도 있다. 특히 감정 조절이 쉽지 않은 사람들은 말 문제가 평생 자신을 옭아매는 경우도 있다. 가정으로 치면 부부 싸움을 넘어 파국까지 치닫는 경우가 있는가 하면, 윗사람부터 아랫 사람까지 모두가 나를 평가하는 '다면평가'가 대세인 요즘,

직장 생활 자체를 어렵게 할 수도 있다.

특히, 내가 생각 없이 던지는 말들은 듣는 상대방에 비수처럼 다가가는 경우가 적지 않다.

"그 정도로 어려운 일은 아닌데."
"그것밖에 아직 못 했어요!"
"허참, 신입사원도 할 수 있는 일인데."

다른 사람을 평가하는 듯한 말은 더욱 그렇다. 무조건 한 템포를 쉬어야 한다. 그렇지 않으면 나도 다른 사람에게 그렇게 평가를 받을 수밖에 없다. 오히려 되로 주고 말로 받을 수도 있다.

더구나, 최근처럼 모든 대화가 여러 디지털 경로를 통해 저장되는 사회에서는 설화로 번지는 경우가 부지기수이다. 이제는 모두가 영상촬영이 가능하고 녹음기가 내장된 핸드폰을 가지고 다닌다. 전화 연락보다는 카카오톡 등 메신저를 선호하는 경향이 큰 탓에 사실상 모든 대화가 활자화되는 느낌이다.

가끔 보면 문자로 연락할 때도, 자기가 쓴 글을 제대로 읽어 보지도 않고 엔터키를 눌러서 후회막심한 경우가 있다.

"제가 조금 이따가"
"사무실 가서"
"내용 보고"
"알려 드릴게요"
"회의 후에"

이처럼, 몇 줄 문자를 한꺼번에 묶어서 보내면 될 터인데 뭐가 그리 급한지 소나기처럼 몇 자씩 급하게 문자를 보내는 이도 있다. 성격이 오죽 급해서 그럴까 하는 생각도 들지만, 받는 사람 관점에서 보면 신중하지 않은 게 바로 표시가 난다. 어떤 경우에는 상대방에게 불안감마저 주기도 한다.

내 경험상으로 보면 생각하지 않고 말하는 것은 일종의 습관이다. 나이의 적고 많음과 관계가 없는 것 같다. 내가 아는 분은 60대 초반인데 가끔 대화하다 보면 저분이 생각이 있는 분인지 궁금해질 정도이다. 사회생활을 꽤 오래 했을 텐데도 말을 정말로 툭툭 내뱉는다.

"그것도 모르셨어요?"

"그거 다 아는 건데?"

"안 알려 드려야지~ (웃음)"

이런 말을 할 때 가끔은 약간 비웃는 듯한 표정을 지을 때
도 있는데, 어떤 때에는 마치 철이 덜 든 초등학생이라는 생
각이 들 정도이다.

상대방이 질문했는데, 잠시라도 생각할 시간을 갖지 않은
채 바로 입에서 먼저 말을 쏟아 내고, 화가 났거나 기쁠 때 감
정에 휩쓸린 나머지 용수철처럼 말이 튀어나오기도 한다.

'나는 이렇게 생각 없는 사람입니다.'

'저에게 말씀하시면 모두에게, 다른 사람에게 갑니다.'

'저에게 호감을 가질 필요가 없습니다.'

마치 이렇게 자기 자신이 생각 없는 사람이라는 걸 광고하
는 것 같다.

드라마에서 종종 나오는 모습이지만, 본인이 생각 없이 이

야기해 놓고 놀라서 자신의 입을 막는 경우가 실제로도 발생한다. 스트레스가 평소 심한 상황에서는 생각하는 능력이 저하돼 그냥 무의식적으로 말을 내뱉기도 하고, 평소 습관적으로 그냥 툭 뱉는 말을 하는 경우도 있다.

상대방과 일부러 말싸움을 벌이려고 하지 않는 이상, 생각하지 않고 말하는 것은 최악의 커뮤니케이션이다. 생각하지 않고 말해서 의도적으로 상대방을 일부러 칭찬하는 유머러스한 상황이 온다면 모르겠지만, 희극 드라마가 아닌 이상, 거의 불가능하다. 한번 엎질러진 물을 다시 담기는 어렵다.

가장 큰 문제는 신중치 못하게 던진 말이 상대방에게 큰 오해와 상처를 불러온다는 점이다. 반 박자만이라도 생각했으면 나오지 않을 말을 한 탓에 친구 간에 절교하는 상황까지 올 수 있고, 비즈니스에서는 계약 파기는 물론 손해배상까지 나올 수 있다.

친구가 슬픔에 처했는데도 아무 생각 없이 불쑥 농담 섞인 말로 상처를 주기도 하고, 사업상 비밀을 누설해 회사를 곤경에 빠뜨릴 수도 있다. 결국 생각 없이 한 말은 부메랑이 되어서 자신에게 돌아온다.

특히, 정치인들의 신중치 못한 발언은 정치 생명과 직결된다. 당에서 어렵게 공천을 받았는데도 과거 별다른 생각 없이 한 방송 인터뷰나 온라인에 써 놓은 글이 큰 부메랑으로 다가와 공천이 취소되는 경우도 허다하다. 이는 총선에서 예외 없이 이슈가 되기도 하고, 당사자에게는 기회와 신뢰의 동반 상실로 직결된다.

"개犬에 물린 사람은 반나절 만에 치료받고,
뱀巳에 물린 사람은 3일 만에 치료받고,
말言에 물린 사람은 지금도 입원 중이다."

"말이 만든 상처는 칼로 입은 상처보다 깊고 심하다."(모로코 속담)

이런 말들은 신중하지 않게 하는 말이 얼마나 다른 사람에게 상처나 나쁜 영향을 주는지를 보여 준다.

그렇다고 해결 방법이 없는 것도 아니다. 먼저 말하기 전에 필히 반 박자씩 멈추는 습관을 길러 보자. 마치 엇박자 노래를 부른다는 셈으로 말뭉치를 꺼내기 전에 한 템포 쉬고 말하는 느낌을 가지면 좋다.

감정 조절도 당연히 뒤따라야 한다. 우리가 하는 대부분의 말실수는 감정 조절이 제대로 안 된 상태에서 발생한다. 예컨대 서로 논쟁을 하다 보면 흥분된 상태에서 상대방의 말에 약점을 잡아서 비방이나 반박하는 데에만 열중하기 때문에 이른바 입에서 나오는 대로 말을 하게 된다. 이런 문제는 꼭 화가 났을 때만 생기는 것이 아니라, 너무 슬프거나 기쁜 상황에서도 가능하다.

그래서 스트레스 관리가 중요하다. 스트레스를 받으면 정신 집중이 되지 않는 만큼, 일단 먼저 말해 버리고 마는 경향이 커진다. "말을 참지 못한다."라고 하는데, 이를 두고 하는 말이다. 오죽하면 어떤 이들은 핸드폰 배경화면에 "생각하고 말하기"라고 띄워 놓기도 한다고 한다. 현실적인 방법이다.

"말하기 전에 잠시라도 생각할 시간을 갖는다면 당신의 말이 미칠 영향을 생각하고 평가하고 교정할 수 있다."

미국의 트라우마 전문 치료사인 노먼 라이트Norman Wright 박사의 《사랑의 열쇠Communication : Key to Your Marriage》 중에 나오는 대목이다.

　말처럼 쉬우면 오죽 좋겠는가마는, 참으로 쉽지 않은 일이다. 그럼에도 누군가와 대화를 나눌 때는 먼저 생각해야 한다. '완전 매력적인' 사람이 되긴 어려워도 실천만 잘하면 진중하고 신뢰할 만한 나를 만드는 소중한 자산이 된다.

✳ 사과하면 통(通)한다

큰 일이건 작은 일이건 "미안하다."라고 사과하기란 쉽지가 않다.

"미안해", "제 불찰입니다", "죄송합니다"

누구나 인생을 살면서 과거 일을 생각해 보고, 종종 후회하는 나를 발견한다. 왜 그때 '내가 먼저 입을 열어 이렇게 말하지 못했을까.' 하는 후회가 드는 경우가 있다. 그때는 왠지 사과하면 내 체면이 좀 구겨지는 것 같고, 내가 자존심도 무너지는 것 같았을 수도 있다. 아니면 그냥 아무 생각 없이 사과해야 한다는 생각조차도 하지 못했을 가능성도 있다.

하지만 관점을 바꿔 생각하면, 혹은 조금 떨어져서 보면, 사과하기가 조금 쉬워진다. 한 지인이 오래전에 읽은 책에서 나오는 말이라고 소개해 준 내용인데, 이 말을 생각해 보면 사과하기가 훨씬 수월해지는 느낌이다.

"내가 상대방에게 사과를 한다는 것은 '내가 틀렸고 상대방이 옳다'는 뜻이 아니다. 사과는 '내가 내 자존심보다는 상대방의 관계를 더 중요시한다'는 의미이다."

이 말의 의미를 제대로 마음에 담아 보면 가족, 친구, 동료 간에 용기를 내서 사과하기가 그리 어렵지 않을 수 있다. 사랑하는 가족, 오랜 친구, 파트너인 동료 모두가 소중한 사람인 만큼, 자존심을 내세우기보다는 용감하게 "내 잘못입니다.", "미안해."라고 쿨하게 말할 수 있다.

사과는 그렇기에 누구에게나 편하게 하면 된다. 오늘 첫 미팅에서 내 실수로 언짢았을 동료에게도, 오늘 지하철 출근길에 우연히 어깨를 툭 부딪친 승객에게도 "죄송합니다.", "미안합니다."라고 하면 그만이다. 나의 잘못을 인정한다는 뜻이라기보다는 의도치 않게 일어난 일임을 상대에게 알려 주는 것, 그 이상도 이하도 아니다.

다소 극단적인 이야기이긴 하지만, 가끔 뉴스에 나오는 폭행 사건 등을 보면 대부분이 사소한 시비에서 비롯된다. 좁은 식당에서 시작된 말싸움이 살인 사건으로 발전하고, 운전 중에 끼어들기로 시작된 싸움이 보복운전으로 발전하기도 한다.

식사 모임 등에 늦을 경우가 있는데, 내 경험으로 보면 '사과하는 사람'과 '사과하지 않는 사람'의 특성은 조금 다르다. 평소에 예의가 바르고 커뮤니케이션을 잘하는 사람들은 혹시라도 늦을 것 같으면, 먼저 도착한 사람에게 항상 미리 전화나 문자로 지각과 그 이유를 설명하는 게 대부분이다.

특히 '강박 관념' 수준으로 시간을 챙기는 사람들은 목소리부터 과잉이라 싶을 정도로 사과를 한다. "너무 죄송합니다. 죄송합니다. 빨리 가겠습니다." 물론, 너무 오버해도 문제지만, 일찍 온 사람에 대한 배려가 확실한 목소리이다.

반면, "늦었습니다."라는 말조차도 안 하는 지인들을 보면, 사과를 하지 않는 게 몸에 밴 눈치이다. 굳이 이해하려고 하면, 평소에 그런 말을 해보지 않은 사람들이다. 몸동작이나 얼굴표정에는 미안함이 배어 있지만, 입에서는 그 말이 잘 나오지 않는 것이다.

물론 어떤 경우에는 표정에도 미안함이 없는 경우가 있다. 혹은 '아랫사람에게 굳이 사과까지 해야 할 필요가 있을까?'라고 생각해서 안 할 수도 있다. 이해하고 싶지는 않지만, 굳이 이해하려고 한다면 말이다.

하지만 남이 내 마음을 이해해 줄 것이라고 생각하는 게 잘못이다. 내가 선배니까, 내가 나이가 많으니까 이해를 해주겠지 하는 시대가 아니다. 요즘은 이런 말도 있다고 한다. 편의점에서 50대 후반 손님이 20대 초반 청년 아르바이트생에게 "봉투에 담아 줘."라고 반말을 하면 돌아오는 말은 "알았어."라고 하는데, 이젠 농담이 아닌 듯하다.

누구는 세상이 미국 같아진다고 하던데, 언어에서조차도 이제는 나이와 관계없이 '평등한 커뮤니케이션 시대'가 오고 있다. 조금 나이가 많다고 예의를 지키지 않으면, 나이는 아무 의미가 없는 세상이다. 조금 실수했거나 잘못했다고 느끼면 바로 사과하라. 사과는 내 잘못을 인정하는 게 아니라, 나를 더 멋지게 만드는 방법이다.

사과는 그 진정성을 제대로 갖추는 게 핵심이다. 우리나라에서도 번역된 《쏘리웍스Sorry Works》의 내용을 보면, 의료사고 등과 같은 문제에 있어서 겉치레식 사과는 그 의미를 퇴색시킨다는 것이다. 의료사고가 발생했을 때 환자들이 원하는 것은 "죄송합니다."가 아닌 "잘못했습니다."라는 것이다. 그럼에도 사실 반대 입장에서는 이를 제때 하지 못하고 화를 더 키움으로써 결국은 더 큰 소송에 휘말리고, 더 큰 화를 입는 경우가 많다.

정확한 출처는 알 수 없지만, 여러 강연에서도 이야기가 되고 〈논객닷컴〉 김연수 칼럼에서도 소개된 "사과하려면 '캣CAT'하게 하라"라는 말이 아주 적절한 표현이다.

첫째는 '콘텐츠Contents'가 있어야 한다. 형식적인 게 아니라 상대방을 설득시킬 수 있는 핵심 내용이 들어 있어야 한다.

"미안해."

"뭐가 미안한데?"

"그냥 내가 잘못했으니까."

"아니, 뭘 잘못했는지도 모르고 사과를 해?"

부부나 연인 사이에 이러다가 오히려 더 상황이 악화되는 경우를 경험해 봤을 것이다. 사과는 진심을 담아 구체적으로 무엇을 잘못해서 상황이 이렇게 됐는지를 상대방에게 알려야 한다. 그리고 그에 대한 보상과 다짐이 동반되어야 한다.

"내가 어제 사무실에서 안 좋은 일이 있어서, 집에 와서 괜히 심술을 부린 것 같아. 미안해. 다음부터 감정 정리를 잘해볼게."

만약에 부부 사이에서 사과할 일이 생겼다면, 이렇게 말하면서 '안 하던' 분리수거라도 하면서 행동으로 보여 주는 게 쿨한 사과의 한 방법이다.

둘째는 '태도Attitude'이다. 불손하고 예의 없는 사과는 안 하는 것만 못하다. 태도는 얼굴 표정에서 쉽게 드러난다. 진정성을 담아 상황에 맞게 공손한 태도를 갖춰야 한다. 그러기 위해서는 내가 먼저 준비가 돼 있어야 한다.

내 감정의 중심축인 마음의 준비가 되어야 한다. 감정이 준비되어 있지 않으면 벌써 표정에서 '나는 준비가 안 되어 있

는데, 억지로 사과합니다.'라는 마음이 얼굴에 쓰여 있을 수
있기 때문이다.

마지막으로 '시의성Timing'이다. 적절한 시기를 택해야 한
다. 상대방은 여전히 화가 풀리지 않았는데, 나만 준비되었
다고 일방적으로 사과하는 것은 오히려 관계를 악화시킬 수
있다.

> "어제 내가 생각이 짧았어요. 생각해 보니 그 일은 김 대리
> 의 말이 맞는 것 같네요."

상사가 직장 후배에게 업무적으로 뭔가 잘못을 했다면 다
음 날 아침에 편하게 기회를 봐서 이야기하면 대부분 관계에
서는 큰 지장을 초래하지 않는다. 오히려 '우리 부장님은 정
말 쿨하시네.'라며 다른 부서 동기에게 이야기가 전해져서
전화위복이 될 수도 있다.

> "선배님, 아까 일은 정말 죄송합니다. 제가 했어야 하는데,
> 일이 이렇게 돼서 어쩌죠. 너무 죄송합니다."

자신이 챙겨야 할 거래처와의 커뮤니케이션이 잘못되어 중요한 미팅이 취소될 위기에 처해 있다면 곧바로 사과한 뒤, 일을 해결하는 데 중점을 둬야 한다. 즉각적인 사과와 상황 전파가 더 큰 위기를 막는 지름길이다. 타이밍이 생명이다.

근데 정말 입에서 차마 말이 떨어지지 않는 때도 있다. 가족과 친구같이 오히려 가까운 사이라서 '굳이 뭘 사과해야 하나.'라고 생각하고 그냥 무시하기도 한다. 혹은 생각하지 못하는 경우도 있다.

하지만 상대방 시각에서는 전혀 다를 수 있다. 나는 경미한 것이라고 생각할 수 있지만, 상대방은 당신을 자신의 잘못을 인정하지 않는 사람으로 평가할 수 있다. 사과는 가끔 오버를 해도 좋다.

"미안해."

"쏘리!"

"내가 잘못 생각했나 봐. 미안."

"내가 잘못했어."

편하게 말하고, 인정하면 좋다. 연습이 최고이다.

훈련을 위해서라도 약속 장소에 조금 늦게 나타나 한번 사과해 보라. 조금 어색할지 몰라도 그게 끌리는 사람이 되는 첫걸음이고, 오히려 내 성장을 돕는 지름길이다.

'감사'라는 선물

몇 년 전에 한 결혼식에 참석한 적이 있다. 당시 주례 선생님은 신랑신부에게 평생을 살면서 서로에게 아무리 많이 해도 지나치지 않은 말이 있다고 했다.

"주례사는 짧을수록 좋다고 했습니다. 앞으로 서로에게 이 말만 자주 하면 행복하게 잘 살 수 있습니다. 바로 '감사'라는 말입니다."

이 말은 가족 간에도 자주 해야 할 말이지만, 인생을 살면서 우리 주위에 있는 누구에게나 자주 써도 되는 말이다. 하지만 오랜 기간 가까이 있어서, 혹은 당연한 것처럼 여겨서, 우리는 가까운 주위에 감사하다는 말을 잘 표현하지 않는 경우가 많다.

나를 낳아서 길러 주신 부모님을 비롯해 희로애락을 같이 하는 가족, 나와 함께 즐거움을 나누는 친구와 지인, 직장 동료까지, 모두가 고마움을 느끼고 표시해야 할 대상이다.

그냥 고맙다고 표현하는 게 감사 인사이지만, 사실 '감사'가 존재하기 위해서는 두 가지 팩트가 있음을 아는 게 중요하다. 하나는 내가 살아가는 이 세상에서 내 주위에 내가 표현할 '선함$_{goodness}$'이 존재한다는 것이고, 다른 하나는 그 선함이 정신적이든 물질적이든 나에게 혜택을 준다는 점이다. 이렇기 때문에 감사가 있는 것이다.

조금 철학적이긴 하지만, 감사를 표현하는 것은 서로가 서로를 돕는 과정을 확장시키고, 이를 통해 사회구성원 간의 결속력을 강화하는 중요한 과정이다. 결혼식장에 일부러 먼 발걸음을 해주신 지인에게 감사하고, 식장에 참석하지는 못했지만 문자로라도 축하의 말을 전한 분들에게 감사의 마음을 전해야 한다.

옛말에 만사에 감사하라는 말이 있듯, 사소한 것이라도 누군가가 나에게 도움을 줬다면 먼저 고마움을 전하면 된다. 아파트 엘리베이터 문이 닫히지 않게 도와주는 이웃 주민에게도, 사무실 로비에서 길을 먼저 내어 주는 분에게도, 직장에서 나에게 조언해 준 동료에게도, 식당에서 음식을 내 식탁에 날라 준 종업원에게도 마찬가지다.

"도와주셔서 고맙습니다."

"배려해 주셔서 감사합니다."

"안내해 줘서 고맙습니다."

"시간 내 줘서 감사합니다."

"좋은 말씀 해 주셔서 고맙습니다."

"격려해 주셔서 감사합니다."

"지원해 줘서 고맙습니다."

마음먹기에 따라 모든 게 감사할 일이다. 《365 땡큐365 Thank You》의 저자인 존 크랠릭John Kralik 변호사는 이를 현실에서 확인한 사람이다. 자신이 이혼과 경제적 위기로 최악의 상황에 있을 때 우연히 시작한 '감사할 거리'를 찾아 표현하는 동안 자신의 인생이 바뀌었음을 확인했다. 비관적이며 적대적 감정에 휘둘려 살던 자신의 인생이 긍정적인 사고방식을 가진 삶으로 바뀌는 놀라운 경험을 했다. 감사할 거리를 의도적으로 찾으면서 나타난 결과이다.

실제로 감사는 그 사용방법을 제대로 알고 실천한다면, 감사라는 소중한 선물을 받는 나 자신과, 감사할 대상인 상대방에게 무엇보다 값진 선물이 된다. 떠올려 보면 주위에서 매력적인 평판을 가진 분들은 대부분이 고마움을 표시하는 데 인색하지 않은 분들이다. 사람들은 이런 분들을 오래 기억하고, 또 그 기억 속에서 소환해 다시 초대하고, 또 감사 인사를 전하게 된다.

조그만 옷가게에서 시작해서 지금은 대형 의류기업의 오너가 된 70대의 최병오 패션그룹형지 회장. 그는 만사에 감사하는 마음이 삶의 원칙이라고 한다. 가게에 첫 손님으로 찾아와 준 것에 감사하고, 덕분에 가족을 먹여 살릴 수 있어 또 고맙고, 회사가 큰 탈 없이 버티고 있는 것도 감사하다는 것이다. 그런 감사함을 상대방이 느끼고, 그 상대방은 그의 감사에 다시 그곳을 찾게 되지 않았을까.

감사라는 말은 단순히 남에 대한 인사를 넘어, 상대방에 대한 인정과 존경의 표현이다. 오늘 회의가 잘 끝났다면, 그건 나의 능력보다는 다른 참석자들이 적극적으로 좋은 논의를 해준 데 따른 것이다. 공을 타인에게 돌리는 행위가 고마움의 표시이다. 때문에 감사 인사는 상대방에 대한 존경 표현과 함께, 신뢰를 높이는 역할을 한다. 비즈니스 측면이라면 고마움의 표현은 서로 간에 더 많이 협업하고 파트너 관계로 나아갈 수 있는 길을 열어 준다.

특히, 감사는 남을 위한 것만이 아니다. 남에 대한 인정과 존경을 표현하는 과정에서 스스로에 큰 이익을 건네준다. 《감사라는 말Words of Gratitude》의 저자로, 미국 캘리포니아대학교University of California 심리학 교수인 로버트 에먼스Robert A. Emmons는 감사를 표현하는 것이 우리 몸과 마음 모두에 긍정적인 효과를 준다고 소개했다.

먼저 정신적으로 우리에게 기쁨과 긍정적인 마음을 유도함으로써 인생의 만족감을 높이는가 하면, 우울감을 낮추는 효과도 있다. 육체적인 면에서도 혈압을 낮추고 면역력을 높여 결국은 건강 증진에 도움을 주게 된다.

특히, 고마움을 자주 표현하는 것은 자신을 포함해 가족,

친구, 동료 등 모두와의 관계에서 친밀도를 높임으로써 구성원 간의 만족도를 올리는 중요한 커뮤니케이션 수단이 된다. 몇 년 전 결혼식장에서 감사의 중요성을 역설하신 주례 선생님이 이 연구를 알고 말씀하셨는지 모르겠으나, 과학적 근거에 의해서도 밝혀진 사실이다.

고마움을 표현하는 게 이렇게 좋지만, 막상 내가 수줍어서, 아니면 그냥 해보질 않아서 망설이거나, 아예 고맙다는 생각을 하지 못해서 안 하는 경우가 있다. 굳이 공감 능력이 떨어져서 그렇다기보다 아예 정말 그런 환경에서 자라지 못해서 고맙다는 말이 입에서 나오지 않을 수도 있다. 이럴 땐 역시 연습을 통해 극복하는 게 최고이다.

미국 캘리포니아대학교 버클리캠퍼스University of California, Berkeley의 연구 등에 따르면, 첫째는 하루에 한 번쯤 메모장에 오늘 감사할 일을 3~5개 적어 보는 것도 감사할 거리를 찾는 좋은 방법이다. 오늘 하루를 회상하면서 내가 고마움을 표현할 대상과 이유를 찾아 기록하는 것이다.

둘째는 문자로 실제 감사 인사를 해보는 것도 큰 도움이 된다. 직접 말로 하기엔 쑥스러워서, 혹은 개인적으로 고맙다는 말을 누군가에게 하고 싶었는데 여러 사람이 같이 있어서 기회를 놓쳤다면, 문자로 감사를 표현할 상대방에게 간결하게 보내는 것도 좋은 연습이다. 사실 말주변이 없으면, 문자가 훨씬 더 간결하고 정확하게 상대방에게 메시지를 전달하기 때문에 말보다 더 효과적이다.

"깜박했네요. 오늘 점심 잘 먹었어요."
"신세졌어요. 잊지 않을게요."
"덕분에 오늘 회의 잘 끝났어요. 평안한 오후!"

다양한 방법으로 문자 인사를 하면, 미팅 장소 등 그 자리에서 말하는 것보다도 때론 더 의미가 있을 수 있다.

마지막으로는 교육을 통한 연습이다. 어려서부터의 습관이 중요한 만큼, 아이들이 있다면 감사하는 마음을 상대방에게 표현하도록 알려 주자. 부모나 가족이 상대방에게 감사 인사를 하면, 자녀들은 '관찰 학습'을 통해 이를 자연스럽게 따라 하게 된다. '맹모삼천지교孟母三遷之教'(맹자의 어머니가 교육을 위해 세 번이나 이사함)는 여전히 유효하다.

사실 고마움은 가족, 친구, 동료 등 내 주위의 많은 대상에게 표현하는 것이지만, 오늘도 긴 하루를 슬기롭게 보내려고 노력한 '나' 스스로에게 감사하는 마음도 중요하다. 내가 있기에 상대방에게 감사 인사를 할 수 있고, 내 지인들에게도 내가 감사 인사를 받을 수 있어서다.

"오늘 하루도 수고했어."
"많이 힘들었지, 잘했어."

나에게 감사할 줄 아는 마음을 가진 사람이 남에게도 고마움을 잘 표현하는 법이다.

그리고 오늘 만날 사람이 있다면 그 사람에게 고마워할 일은 무엇인지 떠올려 보자. 특별히 감사할 일이 없어도 오늘 만나는 것 자체라도 감사할 일이 아닌가. 나와 남에게 큰 힘을 들이지 않고도 줄 수 있는 것, 감사라는 큰 선물이다.

유머가 능력이다

얼마 전 대학원 학생의 석사 논문에 대한 최종심사가 끝났을 때의 일이다. 석사학위 심사 때는 세 명의 심사위원이 논문을 평가하게 되는데, 학생이 여러 명일 경우, 논문심사 결과보고서에 가끔 심사평가 점수를 다른 심사위원 칸에 잘못 적는 경우가 있는데, 이날 그런 일이 발생했다. 그럴 때는 잘못 적은 심사위원이 다른 심사위원에게 그런 사실을 알리고, 평가서를 다시 적어야 하기 때문에 사실 조금 불편할 수밖에 없다.

당시 잘못 적은 교수가 A교수에게 "제가 교수님 칸에 제 평가내용을 적었는데 어떡하죠?"라고 걱정하니, A교수는 웃으면서 "딱 제가 하려던 말씀을 써 놓으셨네요."라며 웃음으로 응답했다. 다시 잘못 적은 교수가 이번에는 A교수에게 점수도 A교수 칸에 잘못 기입했다고 하니, 이번에도 A교수는 "제가 적으려던 점수를 딱 적으셨네요."라고 말했다. 당시 주위에는 웃음을 자아내는 한편, 잘못 기입한 교수도 덜 미안한 마음을 들게 한 센스 만점의 답변이다.

유머. 재치 있게 남을 웃기는 말이나 행동을 뜻한다. A교수처럼 부정적인 상황에서 품위 있게 응수함으로써 분위기를 반전시키는 게 유머이다. 발상 전환이나 관점 변화를 통해 말하거나 행동하기 때문에 나름 진정성이 깔려 있다.

영어 'humor'의 어원을 보면, 사람 몸에 필수적으로 존재하는 혈액을 포함한 체액으로, 이는 우리 몸의 신체적·정신적 상태를 뜻한다. 즉, 유머는 우리 몸에 필수적으로 건강한 시그널을 보여 주는 필수 요소인 것이다.

그래서 그런지, 우리가 인생을 살면서 '같이 있고 싶은 사람', '매력적이라고 느끼는 사람'을 꼽으라고 하면 아마도 가장 많이 등장하는 유형이 '같이 있으면 재밌는, 즐거운 사람'일 것이다. 학교에서나 직장에서나 그 사람이 있으면 분위기가 살아나는 그런 부류가 있다. 유머와 위트가 있는 재간꾼이다. 약방의 감초처럼 인기가 많은 탓에 주위에서 찾는 사람도 많다.

미국 경제 활성화 정책인 '레이거노믹스'로 유명한 로널드 레이건 전 미국 대통령은 대통령 유머집이 나올 정도로 유머로 유명하다. 그는 집권 초기인 1983년 3월, 괴한으로부터 저격을 당했다. 다행히 현장에서 인근 병원으로 급히 후송됐다. 총알 제거 수술에 앞서 응급실에서 만난 부인 낸시 여사에게 말한 내용은 지금도 '유머의 전설'로 통한다.

"여보, (총알을) 피하는 걸 깜박했어Honey, I forgot to duck."

물론, 저렇게 심각한 상황에서 저런 유머가 나올 수 있을까 싶지만, 당시 목격자 증언과 신문 기사를 종합하면 사실이다.
레이건 대통령은 한발 더 나아가 수술실 안에서도 집도 의사들에게 "여러분이 오늘은 모두 공화당원이길 바랍니다."라고 말해, 의사들이 모두 웃으면서 "대통령님, 오늘은 우리 모두가 공화당원입니다."라고 화답했다고 한다. 레이건 대통령은 당시 공화당 소속이었다.

다소 씁쓸할 수도 있지만, 재치 만점의 '받아치는' 유머도 있다. 미국 16대 대통령인 에이브러햄 링컨 대통령은 사실 잘생긴 얼굴은 아니다. 당시에도 수염이 많은 탓에 원숭이라고 놀림받곤 했다고 한다. 어쨌든 1858년 미국 상원의원 선거에서 상대 후보인 스티븐 더글러스가 링컨 대통령에게 "두 얼굴을 가진 이중인격자Two faced person"라고 비난하자, 이렇게 말했다.

"만약 제게 두 개의 얼굴이 있었다면 이 얼굴로 나왔겠습니까?"

실제로 유머는 우리 인생에 전방위적으로 영향을 미친다. 유머가 있는 사람은 어느 곳에서나 인기가 높다. 영국 에버리스트위스대학교Aberystwyth University 연구에 따르면, 유머감각이 뛰어난 학생은 교사와의 관계에서 더 만족스럽고, 학교생활에 대한 적응도도 높다고 한다. 과거 학교 다닐 때를 돌이켜 보면, 유머가 있고 공부까지 잘하면 요즘 말로 완전 '인싸'인데, 여러 면에서 유머가 그 역할을 하는 셈이다.

데이비드 버스David M. Buss의 《진화심리학Evolutionary Psychology》에 따르면 유머감각은 '남자의 복합적 인지기능이 제대로 작동하고 있음'을 나타내는, 즉 '우수 유전자'를 지녔음을 알려주는 것이라고 한다. 유머가 능력인 셈이다. 그것도 다른 사람에게 기쁨을 선사하면서 자신을 돋보이게 하는 세련된 도구이다.

남녀 관계에 있어서, 특히 여성이 남성의 선호 요인을 꼽을 때 학력과 재력 등이 중요할 수도 있지만, '유머'가 그에 못지않은 요인으로 꼽히는데, 아마도 진화심리학에서 기인하는 것과 맥락을 같이한다고 볼 수 있다. 남녀가 데이트할 때 시간 가는 줄 모르게 이야기하는 때가 있는데, 서로 '케미'가 맞아서이기도 하지만, 데이비드 버스의 말대로 남성의 유머감각이 한몫을 하는 이유일 수 있다. 물론, 여성의 유머도 케미의 중요한 부분이겠지만 말이다.

사회생활에서 '스마트한 유머'는 더욱 빛이 난다. 업무의 연속인지라 긴장과 스트레스를 동반할 수밖에 없는 장소가 회사인데, 이런 직장에서 유머감각은 리더로 가는 지름길이다. 미국 미시간대학교University of Michigan 연구에 따르면 '유머 리더'가 직원에게 더 존경받고, 의욕과 생산이 향상된다고 한다. 아울러, 유머 리더가 팀 분위기를 조화롭게 만들고 갈등을 해결하는 데 효과적이라고 한다(출처: 워싱턴대학교 연구). 나아가 유머는 구성원 성과와 행복에 적극적인 영향을 미치는 것으로 나타났다(출처: 한국경영학회《경영학연구》).

유머는 이렇듯 인생을 살면서 삶의 활력소이자, 만병통치약이다. 그런데 막상 '나도 한번 해볼까?'라고 생각하면 사실 망설여지는 경우가 대부분이다. 본디 내성적이라서 남들 앞에서 이야기하는 성격이 되지 않고, 유머는 개그맨이나 하는 거라고 치부할 수 있기 때문이다.

그렇다고 그리 어렵게 생각할 필요는 없다. 개그맨 유재석과 정치인 고 노회찬처럼 유명인들이야 멋진 유머를 구사할 수 있겠지만, 평범한 직장인들은 다른 데서 들었던 재미있는 이야기를 한 번쯤 주위 사람에게 시도해 보면 된다. 세상일에 관심을 갖고 인터넷에 올라온 내용이나 주위에서 들은 것으로 말문을 트면 되는 일이다.

《인생을 성공으로 이끄는 유쾌한 유머》의 저자이자 나의 지인인 김진배 선생님은 '연습'에 방점을 뒀다. 처음부터 잘하는 사람이 어디 있겠는가. 먼저 웃어야 상대방도 웃는 만큼, 소신껏 해보면서 '썰렁'하더라도 적극적으로 이야기해 보라는 게 그의 설명이다.

유머와 위트가 있는 사람과 만날 때마다 그를 잘 관찰하고, 어떤 상황에서 이야기를 펼쳐 나가는지 아는 것이 중요하다. 물론 말재간만 좋다고 되는 것이 아니다. 지식과 정보 없이는 유머와 위트를 논할 수 없다. 자신의 경험에 바탕을 둔 스토리가 결국 유머의 소재이다.

아울러, 평소에 유머집을 읽어 보고 자신의 취미와 스토리에 맞는 걸로 골라 보아도 좋다. 자신과 맞는 분야의 독서 또는 시사 뉴스를 자주 접해서 다양한 지식을 쌓는 것도 중요하다. 그리고 상대방이 잘 공감할 수 있도록 이야기를 이끌어 가야 한다.

소통 전문가로 유명한 김창옥 강사는 "유머는 전염된다." 라고 했다. 주위에 유머감각이 있는 사람과 잘 어울리다 보면, 그 유머를 부지불식간에 배우게 된다는 논리이다. 자신은 어머님으로부터 특정 질문에 예상했던 답과는 전혀 발상이 다른 반전의 답을 들으면서 영감을 얻었다고 한다. 사실 요즘은 우리가 원한다면 얼마든지 동영상 검색을 통해 쉽게 자신의 상황과 성향에 맞는 내용을 습득할 수 있다.

하지만 배웠다고 해서 바로바로 써먹기 어려울 수도 있다. 당장 상대방에게 시도하겠다고 마음만 먹어서 되는 건 아니다. 대화 중에 재치 있는 말을 하려면 대화의 흐름을 잘 파악해야 하고, 남들과 다른 관점에서 이야기해야 한다. 다른 시각에서 보면 '저렇게 생각할 수도 있겠다.'라는 면을 부각시키는 것도 중요하다. 그래서 유머를 하려면 제일 중요한 게 콘텐츠이다.

물론, 오버는 금물이다. '무개념 유머'는 오히려 분위기를 해치고, 자신의 평판을 깎아내릴 수 있으니 유의해야 한다. 본인이 그냥 유머로 이야기했다고 하더라도 듣는 시각에서는 불쾌감만 남게 될 수 있다. '위험한 유머'는 안 하는 게 상책이다.

시대에 따라 현실을 생각하게 하는 유머는 나름 써먹어도 좋다. 예컨대, 청년 실업 100만 명 시대를 맞아 이른바 '웃픈' 현실에서 갖가지 이야기가 나오는데, 이를 풍자로 넘기는 유머는 인기가 높다(출처:《직장인들을 울리고 웃기는 유머》).

"공기 주입기는 필요 없습니다. 모든 타이어는 입으로 불어 넣겠습니다." –한국타이어 지원자

"수중 작업을 할 때 산소통은 필요 없습니다. 용접봉도 주지 마십시오. 라이터로 용접하겠습니다." -HD현대중공업 조선소 지원자

"독도 기지국 건설할 때 송신탑 들고 있겠습니다. 간식은 사양합니다. 갈매기로 해결하겠습니다." -SK텔레콤 지원자

다음은 출처 미상 아재개그 유머들이다.

문 : 닭에게 사이즈 작은 옷을 입히면?
답 : 꼭끼오.

문 : 울다가 그친 사람을 다섯 글자로 줄이면?
답 : 아까운 사람.

문 : 어떻게 하더라도 절대로 못 이기는 마늘은?
답 : 다진 마늘.

문 : 전화로 세운 빌딩은?
답 : 콜로세움.

문 : 화장실에서 방금 나온 사람은?

답 : 일본 사람.

유머는 길러 놓으면 평생 나의 경쟁력이나 능력이며, 나를
매력쟁이 리더, 부하, 상사, 동료, 지인으로 만드는 도구이다.
특히 유머와 위트는 첫 만남에서 금방 친밀감을 형성하는 데
도움을 준다. 한 번 만나고도 여러 번 만난 것 같은 느낌을 불
러일으킨다. 비즈니스를 하는 사람에게는 매우 효율적인 미
팅 기법이기도 하다.

그렇기에 오늘 한번 용기를 내서 시도해 보자. 처음부터 잘
될 리가 없으니 안 된다고 기죽을 필요는 없다. 썰렁한 분위
기로 마감하더라도 시작이 반이다.

'내 건강'에도 좋은 공감

"타인의 기쁨에 기뻐하고, 타인의 아픔에 아파하는 것, 이것
이야말로 인간을 이끄는 최고의 지도자이다."

-알베르트 아인슈타인Albert Einstein

지적 능력과 공감 능력. 인간의 능력을 평가하는 데 있어서
자주 사용되는 두 가지 잣대이다.

"저 사람은 참 똑똑한데, 공감 능력이 좀 부족해."

누군가를 두고 이렇게 말한다면, 그 사람은 나름 사리 분별
을 잘하고, 상황 판단은 빠르나 다른 사람의 감정과 심정을
잘 헤아리지 못하는 인물로 요약될 수 있다.

직장 생활이나 대인 관계에 있어서 지각 능력과 공감 능력은 모두 중요하기에 하나를 선택하기는 참으로 어렵다. 똑똑하다고 해서 공감 능력이 모두 뛰어난 것도 아니다. 그렇다고 공감 능력이 높다고 해서 지적 능력이 같이 뛰어난 것도 아니다. 하지만 대체적으로 두 개의 능력이 상대적으로 같이 우수한 경우가 적지 않다.

비행기로 치면 지적 능력과 공감 능력은 좌우의 양쪽 날개와 같다. 어느 한쪽이 없으면, 마치 균형을 잃은 인생과 같다고 할 수 있다. 그래도 인생을 살면서 뭐가 더 중요하냐고 묻는다면 나는 공감 능력에 더 무게를 두고 싶다. 살면서 느끼는 점은 결국 더불어 사는 인생에서는, 사회적 관계가 주를 이루는 상황에 공감 능력을 가진 사람에게 더 매력을 느끼고 호감을 갖는다는 점이다.

주관적인 판단이긴 하지만, 지적 능력은 아무래도 사물이나 상황에 대한 인식과 의사결정에 관한 것이지만, 공감 능력은 사람의 감정과 심정에 대한 것이기 때문이지 않을까 싶다. 사물보다는 사람에 관한 것, 즉 자신의 상황과 심정을 이해해 준 사람을 더 높이 평가하고 따르는 게 인간의 심리이다.

공감 능력은 그 뜻대로 상대방의 감정, 생각, 경험을 헤아림으로써 상대방으로부터 큰 신뢰를 받게 되고, 그를 믿고 따르는 데 크게 기여하게 된다. 이런 공감 능력은 인간관계에서 갈등을 줄이는 데 큰 역할을 한다. 나아가 팀원들의 감정을 이해하고 존중하게 되기 때문에 자연스럽게 리더로 오를 가능성이 커진다.

실제로 공감 능력이 높을수록 이른바 '인기형 리더'로 자리매김하는 경우가 많다. 우선 직원들의 니즈와 목표를 이해하고 그들의 관점에서 역량을 최대한 발휘할 수 있도록 지원하는 능력이 있기 때문이다. 특히, 공감형의 경우 다양한 관점에서 이슈에 접근하고 의견을 수렴해서 문제를 해결한다는 점에서 매력적일 수밖에 없다.

심리학에서는 공감을 조금 더 자세하게 분류하는데, 첫째는 '정서적' 공감이다. 예컨대 음주운전 사고로 학교 앞 횡단보도에서 초등학생이 크게 다쳤다는 뉴스가 방송에서 나왔다고 하자. 뉴스를 접한 사람들 대부분은 아이가 무사하길 바라는 동시에 운전자에 대해 크게 화가 치미는 것을 느낄 것이다.

둘째로는 '인지적' 공감이다. 아무리 친하더라도 업무적으로 혹은 사적으로 다툴 수도 있고, 격론을 펼칠 수도 있다. 인지적 공감이란 이때 상대방의 관점에서 마음을 헤아리고 접점을 모색하는 방법을 찾도록 해주는 상태이다. '그래, 그럴 수도 있지.', '그래서 저런 이야기가 나왔구나.'라고 생각하는 공감이다.

마지막으로 가장 적극적인 개념인 '행위적' 공감이다. 길거리를 가다가 잘못해서 넘어진 아이를 봤을 때, 뛰어가서 얼른 일으켜 세워 주며 "다친 데가 없니? 괜찮니?"라며 도움의 손길을 주는 것이 그 예이다.

이런 점에서 공감은 연민과는 다르다. 연민이 상대방의 처한 상황을 이해하는 수준이라면 공감은 상대방의 감정과 상황을 공유하고, 적극적으로 도와주려는 의지가 담긴 개념이다. 이런 공감은 영어 단어를 외는 것처럼 혼자서 노력해서 되는 것만이 아니다. 남의 감정을 이해하기 위해서는 내 스스로의 감정과 경험을 잘 확인하는 게 중요하다.

정치인들이 폭우로 침수 피해를 입은 이재민에게 가서 구호품을 나눠 주고 사진촬영을 하고 온 뒤에서 주민과 언론으로부터 뭇매를 맞는 경우가 여기서 비롯된다. 진정성이 떨어지기 때문이다.

살다 보면 나 자신도 그렇지만, 주위에 많은 사람들이 가정과 직장에서 어려움을 겪는 경우가 다반사이다. 심할 경우에는 절망을 넘어 극단적인 상황에 이르기도 한다. 도움이 필요한 지인에게 모두 도움을 줄 수는 없는 게 인생이지만, 기회가 되면 이러한 정서적, 인지적, 행위적 공감으로 상대방에 큰 위로를 줄 수 있는 게 우리이다.

얼마 전 결혼식장에서 한 지인을 만났다. 기자와 홍보 담당자로 20년 전부터 알고 지내던 사이다. 지금은 홍보대행사를 운영 중인 그는 불쑥 여러 사람이 있는 데서 10여 년 전 내가 그를 응원해 준 것을 잊지 않고 있다고 했다. 뭔 소리일까 의아했는데, 당시 자신이 사업적으로 꽤 힘들었는데 내가 상황을 잘 들어 주고, 해결 방안을 고민해 줬다고 한다.

사실 나는 기억이 잘 나지 않는 일이기에 겸연쩍게 "뭘 그런 걸 다 기억하세요."라고 답했지만, 상대방 생각에는 그런 공감이 10년 넘게 좋은 감정으로 자리 잡은, 무엇보다 값진 선물이었던 셈이다.

공감은 결국 적극적인 이타심에서 나오는 결과물이기도

한데, 중요한 것은 이런 공감이 타인뿐만 아니라, 공감 주체인 자신에게도 매우 긍정적인 영향을 미친다는 것이다.

"많이 힘들었지!"

"나도 그랬어, 그 문제는 정말 어렵더라고!"

"힘내! 잘될 거야!"

"아, 그래? 방법을 같이 찾아볼까?"

미국 국립보건연구원 National Institute of Health에 따르면, 다른 사람의 고통에 공감할 때 우리 뇌에서는 옥시토신이 분비되는데, 이는 혈압을 낮추고 스트레스를 해소하는 역할을 한다. 바꿔 말하면 타인이 슬프거나 고통스러울 때, 우리가 이를 이해하고 보듬어 주려는 말이나 행동을 그에게 할 경우, 상대방은 그 위로로 심리적 지지를 받고, 위로를 건네준 우리 자신의 건강에도 도움을 준다는 것이다.

공감 연구의 대가로, 의학자인 베르너 바르텐스 Werner Bartens는 그의 저서 《공감의 과학 Empathie : Die Macht des Mitgefühls》에서 공감 능력이 높은 사람은 면역체계 방어물질인 '인터루킨-6'을 적극적으로 생산해 신체의 염증반응을 줄이고, 건강한 방어기능을 강화한다고 밝혔다.

특히, 감기 바이러스 감염 실험 결과는 놀랍기까지 하다. 이 실험에서는 공감 능력이 높은 사람과 그렇지 않은 사람에게 감기 바이러스를 노출시킨 뒤, 이들의 경과를 지켜보았다. 그 결과, 정서적 균형이 부족하고 타인에 관심이 없는 사람들이 더 자주 감기에 걸리고 증상도 더 심한 것으로 나타났다. 반면 공감 능력이 높은 사람은 감기 바이러스를 코에 직접 노출시켜도 잘 걸리지 않는다는 연구 결과까지 나왔을 정도이다.

이뿐만이 아니다. 공감은 이와 유사한 경로를 통해 통증을 줄이고 행복감을 늘리는 엔도르핀 분비를 촉진시킴으로써, 상대방에게 공감을 표현한 우리 자신에게 또 다른 긍정적 효과를 만들어 주는 것으로 나타났다. 믿기지 않을 정도로 놀라운 실험 결과이다. 그만큼 마음이 몸에 직접적으로 영향을 미친다는 의미이다.

결국, 공감은 이타적인 생각과 행동을 통해 타인의 아픔을 덜어 주는 동시에, 내 몸과 마음을 건강하게 하는 혜택까지 주는 셈이다. 이런 공감은 나 자신과 상대방의 스트레스를 줄여, 다른 사람에게 다시 공감을 표현할 수 있는 여유를 준다는 점에서 일종의 '공감 전염' 효과도 발생시킨다. 실제로 스트레스를 적게 받는 사람이 그렇지 않은 사람보다 공감 능력이 높다고 한다.

그러면 어떻게 공감 능력을 키우거나 늘려야 할까?

공감 능력을 키우는 가장 빠른 방법은 독서이다. 역사 속 인물, 혹은 동시대 타인의 삶에 대해 간접 경험을 함으로써 그들이 얼마나 힘들었는지, 그들이 무엇이 문제였는지 확인하는 방법이다. 독서를 통해 어렸을 적부터 체화했으면 좋겠지만, 성인인 지금도 늦지 않다.

다른 하나는 실제 경험이다. "눈물 젖은 빵을 먹어 보지 않은 사람은 인생을 논할 자격이 없다."라는 옛말이 있다. 자신이 직접 경험한 것보다 더 큰 공부는 없다. 새벽에 첫 버스를 타고 회사 사무실에 가서 직원들이 오기 전에 말끔히 사무실을 치워 놓는 청소 아주머니, 자식을 키우기 위해 새벽부터 밤늦게까지 택배 트럭을 운전하고 짐을 배달하는 아저씨, 그들이 얼마나 힘든지를 아는 것은 역시 경험이다.

인생에서 모든 걸 경험하기는 어려운 만큼, 의식적으로 타인의 편에서 이해하려는 노력과 연습이 필요하다. 정서적(마음)으로, 머리(인지)로, 그리고 몸(행동)으로 상대방의 상황과 생각에 공감해야 한다. 나만의 눈과 생각이 아닌, 다양한 관점에서 지켜봐야 한다.

"많이 안 다쳤어?"
"내가 어떻게 하면 도와줄 수 있을까?"

공감 능력이 높은 사람이 되고 싶은가? 판단하지 말고 이해하는 습관을 길러 보자. 따뜻한 마음을 지닌 멋쟁이 상사 혹은 둘도 없이 나를 이해해 주는 '절친'으로 당신이 기억된다면, 아마도 주된 이유는 당신의 공감 능력 덕분일 것이다.

✳ 손뼉 치듯 맞장구하라

친구나 지인과 잘 지내는 '부류'가 있다. 딱히 매력적으로 보이지도 않고, 그렇다고 트렌디한 느낌이 드는 분들도 아닌데 말이다. 그런데 자세히 살펴보면 많은 경우가 상대방 이야기에 '장단'을 잘 맞추는 타입이다.

커피숍에서 관찰해 보면 이런 상황이 적지 않다. 한 사람은 열정적으로 최근 있었던 자신의 근황을 장황하게 쏟아 내고 있고, 반대편에 있는 사람은 이렇게 맞장구를 친다.

"그래?", "정말?", "어떻게?", "언제?", "미쳤어!"
"아이쿠!"

한참 커피숍에서 열변을 토한 친구는 "아이고, 내가 말이 너무 많았나 보다. 들어 줘서 고마워. 너밖에 없다."라면서 조금 쉬었다가 또 다른 화제로 열을 올린다.

실제로 우리 일상에서 이런 일은 적지 않다. 가끔 누군가의 이야기를 듣다 보면, 자신의 말에 흠뻑 빠져서 너무나 열심히 자기 이야기를 하는 상대방의 모습을 보곤 한다. 그 이야기가 때론 아주 흥미로운 내용일 수도 있지만, 듣는 나에게는 그리 재미없는 것일 수도 있다. 하지만 상대방이 워낙 열정적으로 쏟아 내는 것을 보면 조금 답답하긴 하지만 필시 들어 줄 필요도 있다. 어쩌면 그렇게 들어 주는 것 자체가 상대방에겐 큰 힘이 되는 경우일 수도 있다.

근데 문제는 그냥 들어 주기가 참으로 민망할 때도 있다는 것이다. 본인이야 재밌다고 줄기차게 말을 하지만, 눈치 없이 말을 끊을 수도 없고, 그렇다고 눈만 말똥말똥 뜨고 듣고만 있기도 거북하다. 이럴 때는 '맞장구 방법'이 안성맞춤이다.

예컨대, 타 부서로 이동한 '단짝' 직장 동료가 새 부서와 부서장에 대해 이것저것 어려움을 토로한다면 어떻게 해야 할까? 그 동료가 원하는 것은 내용의 시시비비를 바로 가려 달라는 게 아니라, 자신의 이야기를 들어 달라는 의미이다. 그냥 듣고만 있는 것 대신에 맞장구를 쳐 줘야 한다.

"네 말이 맞네."
"장 책임이 그 일을 그렇게 처리했다고?"
"아니, 왜?"
"어떻게 그렇게 해?"
"말도 안 돼, 웬일이니!"

이런 말들을 모두 소화해서 써 보긴 어렵지만, 어쨌든 감정 소통에는 제격이다. 물론, 동료가 겪고 있는 어려움이 무엇이고, 그 대상이 무엇인지에 따라 택하는 맞장구 스타일이 달라져야 한다. 중요한 것은 이런 리액션을 통해 동료는 자신을 이해해 준 나에게 고마움과 편안함을 느끼게 된다는 것이다.

그렇다고 어려움을 토로하는 동료 편에 서서 다른 누군가를 공격할 필요는 없다. 맞장구는 스트레스를 받고 있는 동료에게 위안을 주는 것일 뿐, 그 이상은 아니다. 맞장구가 선을 넘어서는 안 된다는 뜻이다.

물론, 상대방의 말을 경청하지 않고 가식적으로 호응하는 것은 내 동료와의 관계를 오히려 악화시킬 수도 있다. 제대로 이야기를 듣지 않고 하는 무성의한 호응은 오히려 역효과를 불러올 수 있다는 것이다.

과장된 맞장구는 거짓말처럼 들릴 수 있고, 실제로 상대방이 내 말을 제대로 이해하고 그렇게 말하는 것인지 오히려 의구심을 불러일으킬 수 있다. 그래서 맞장구를 칠 때는 상대방의 상황과 감정을 잘 고려해야 한다.

특히, 맞장구는 아이들 교육에서 큰 효과를 발휘한다. 아이의 경우엔 자신의 행동이나 말에 대한 부모의 반응에 따라 학업성취도와 동기부여가 크게 좌우된다. 잘된 맞장구는 아이 정서 발달과 사회성 향상에도 큰 도움이 된다. 반대로 잘못된 맞장구는 아이에게 큰 상처를 줄 수도 있다.

"엄마, 나 오늘 국어 100점 맞았어요!"
"와, 그래. 100점 맞았어? 엄마가 너무 기쁘네."

이게 맞장구다. 우선 아이가 했던 말을 그대로 반복하고, 100점 맞은 것에 대한 엄마의 감정을 이야기해 주면 좋다.

그게 아이를 이해한다는 뜻이기 때문이다.

"엄마, 나 오늘 수학도 100점 맞았어요!"
"그래, 수학도 100점 맞았어? 엄마가 이렇게 좋은데, 우리
아들은 얼마나 좋을까?"

이렇게 한발 더 나아가, 100점 맞은 아이의 감정까지 알아
주면 아이의 기쁨은 배가 될 수도 있다.

또한 맞장구는 상대방과의 언쟁과 갈등을 줄이면서 내가
하고 싶은 이야기를 할 수 있는 아주 유용한 소통 도구이기
도 하다. 하지만 우리가 인생을 살아가면서 맞장구만 잘한다
고 해서 모든 게 해결되지는 않는다. 무조건 맞장구를 칠 수
없을 때가 있다.
그럴 때에는 상대방이 내 뜻을 알 수 있도록 나의 메시지를
제대로 전달해 줘야 한다. 특히 상대방의 이야기가 상식적으
로 맞지 않다면, 상대방을 위해서라도 조심스럽지만 바른 이
야기를 해주는 게 맞다.

"아, 그래? 그럴 수 있겠네. 근데 내 생각에는……"

"그렇죠! 맞습니다! 그런데 하나 짚고 넘어가야 할 것은……"

상대방의 이야기에 먼저 맞장구친 뒤에 내 생각을 들려주면 된다. 상대방이 고민해서 한 답변 혹은 의견인데, 거기에다 대고 시작부터 내 생각을 먼저 이야기하는 것은 부작용만 초래할 공산이 크다. 긍정과 부정을 잘 섞어서 이야기하는 게 기술이다. 똑같은 이야기라도 '아' 다르고, '어' 다르다는 이야기이다.

물론 맞장구로 응수하기가 어려운 경우도 적지 않다. 예컨대 상대방을 앞에 두고 별로 좋지도 않은 이야기를 하는 사람과 그 상대방이 같이 있는 때에는 침묵이 정답일 수 있다. 누굴 도와주고 누굴 안 도와줄 상황이 아니다. 마음 같아서는 그 자리를 벗어나는 게 최상이지만, 계속 있어야만 한다면 타이밍을 봐서 화제를 바꾸거나 침묵 모드로 일관하는 게 상책이다.

혹은 워낙 일방적으로 말을 하는 스타일인 경우에는 맞장구를 칠 겨를도 없다. 자신의 말이 맞장구로 인해 가로막힌다고 생각하는 부류도 있어서, 이런 때는 오히려 안 끼어드는 게 좋다. 맞장구를 칠 분위기인지, 침묵할 상황인지 잘 지켜봐야 한다.

그럼에도 맞장구는 센스 있게 친밀감을 표시하면서 호감이 가는 대화를 이끄는 핵심 포인트이다. 손뼉을 서로 부딪치는 '하이파이브'와 같이, 맞장구는 말로써 상대방에 호응하는 중요한 기술이다.

일본 여행을 가 봤거나 일본 사람의 대화를 들어 보면 가장 많이 들리는 말 중 하나는 "하이, 소데스카?!"(예, 그렇습니까?)이다. 연신 고개를 끄떡이면서 "하이!"와 "소데스카?!"를 반복하는 모습을 자주 보게 되는데 이는 일본식 맞장구이다. 그래서 일본에서는 맞장구를 잘 치는 여성을 가리켜 '맞장구 미인'이라는 말도 있다고 한다.

"아~", "예~", "그래요?", "정말요?", "진짜?"
"어떻게요?"

누군가와 이야기할 때, 혹은 그 사람의 고민을 들어 줄 때가 있다면 그냥 듣지만 말고 맞장구를 적절하게 사용해 보라. 칭찬만이 고래를 춤추게 하는 게 아니다. 맞장구만으로도 상대방은 흥이 나고, 나는 호감을 얻는다. 오늘부터 나만의 '맞장구 매력'을 만들어 보자.

✴ 선수 치기

"선배, 이제 기자 아니죠? (웃음) 약속 자리에 빨리 와서 숟가락과 젓가락도 먼저 놓고, 물도 따라 놓고 해야죠! (웃음)"

지난 2010년 3월경으로 기억된다. 꽤 오랜 고민 끝에 기자 생활을 마감하고, 공직 생활 시작을 결심했을 때이다. 기자에서 공무원으로 나보다 먼저 직업을 바꾼 전직 기자 후배와 점심을 했는데, 그때 그가 해준 말이다. 기자 때는 조금 바쁘다는 핑계로, 아니면 그냥 예전부터 그랬듯 식사 장소에 그렇게 일찍 나오지 않는 게 일반적이었다.

서로 친한 사이가 아니면 쉽게 해주지 못할 말이지만, 격의 없이 대화하는 사이라서 자신이 먼저 경험한 일을 나에게 알려 준 것이다. 후배의 '지침성' 발언 배경은 이렇다. "이젠 공무원으로 발을 들여놓았으니, 사람 관계에 있어서 모범을 보여야 하고, 조금 더 '반듯한' 느낌을 주는 게 좋지 않겠나. 여러 면에서 갖추어야 할 것들이 있지만, 내가 보기엔 사소한 것일지라도, 식당에서 상대방을 위해 조그만 것이라도 행동으로 배려하면 좋은 것 같다. 그래서 작은 것이지만, 먼저 와서 숟가락, 젓가락도 놓고, 물도 미리 따라 놓는 게 좋다."라는 것이 그의 요지였다.

그의 말대로 사실 약속 장소에 조금 일찍 오는 것은 아주 조그만 행동이다. 하지만 받아들이는 나로서는 그때 이 후배의 말이 이후 일상을 살면서 큰 울림으로 다가왔다.

"선배, 손도 그렇지만, 이제는 엉덩이도 가볍게 하면 더 좋아요. (웃음)"

"기자 때야 대부분이 그냥 출입처의 초청을 받아서 가는 간담회 같은 자리니까 편한 자리에 앉아서 이야기 들으면서 식사하면 됐잖아요. 하지만 이제 상황이 바뀌었으니, 뭐든지 빨리빨리 먼저 움직이면서 하는 게 최고인 것 같더라고요. '가벼운 엉덩이'로요."라는 말이었다.

나는 공무원 시절은 물론 이후 학교 생활에서도 이른바 '선수先手 치기' 생활을 위해 나름 노력했다. 식당에서, 혹은 커피숍에서 가급적 먼저 할 수 있는 일을 해보는 게 후배의 '지침'을 따르면서도, 소소한 일상의 재미이기도 했다.

사실 누군가를 만날 때 어디서 많이 만날까를 생각해 보면 절반 이상이 식사 자리이다. 내가 먼저 식사 자리에 왔을 때도 그렇지만, 서로 비슷한 시간에 와서 인사한 뒤에도 '첫 움직임'은 물을 따르거나 수저를 놓는 것인데, 몸에 밴 탓인지 이제는 대부분 내가 먼저 하려고 한다.

물론, 앉는 자리도 이른바 '상석'을 비워 놓는다. 상대방이 이런저런 이유로 끝까지 만류하지 않는 한, 안쪽보다는 바깥 자리에 앉는다. 보기에 따라 사소한 것일 수도 있지만, 상대방에 대한 예의 표현이자 나를 낮추는 방법이다.

커피숍에서 주문한 음료가 나올 때 받으러 가는 것도, 헤어질 때 컵과 쟁반을 반납하는 것도 그렇고, 가급적 먼저 해보면 좋다. 같이 만난 사람의 나이와 관계를 불문하고, 그냥 먼저 시작하고 정리하는 게 나름 마음도 편하고 좋다. 굳이 누군가를 위해서 한다기보다는 그냥 스스로 체화하면 좋다.

지금도 그 후배와 종종 볼 때, 그때 후배가 해준 이야기를 웃으면서 회상하곤 한다.

"그때 그렇게 좋은 이야기를 해줘서 고마워. (웃음) 아직도 잘 실천하고 있어요."

사실 선수 치기는 남을 위한 나의 선의의 행동이다. 어느 장소에서도 항상 생각하고 습관이 배면 가능하다.

"제가 전화해 보겠습니다!"
"내가 가져올게."
"제가 찾아볼게요!"
"내가 해볼게."

남이 알아주든 말든, 내가 움직이는 것이다. 내가 나이가 조금 더 들었다고, 혹은 내가 조금 직위가 높다고 해서 상대방이 나를 위해 먼저 뭔가를 해줄 거라고 기대하는 것은 이젠 구시대적인 생각이 아닐까. 존경은 나이나 직위로 나오는 것이 아니라, 이제는 솔선수범으로 나오는 시대이다.

특히, 모두가 나이 들어 가는 급격한 고령화 시대에 살고 있다. 2024년 기준으로 우리나라 인구 5,200만 명 중 65세 이상의 인구 비율이 19%인데, 2040년에는 33%에 육박할 정도이다. 15년쯤 후면 셋 중 한 명이 65세 이상인 셈이다.

우리나라 평균 나이를 보면 고령화는 더욱 또렷하다. 1970년도 우리나라 평균 연령은 24세였던 것이 20년 후인 1990년에 30세로 올라선 뒤, 또다시 30여 년이 흐른 2024년 평균 나이는 45세로 껑충 뛰어올랐다. 50여 년 만에 국민 평균 나이가 두 배 가까이 오른 셈이다. 노인정에서는 70대가 주전자 물 당번을 한다는 농담까지 나오는 시대이다.

옛말에 여수 가서 돈 자랑 말고, 순천 가서 인물 자랑 말고, 벌교 가서 주먹 자랑 말라는 이야기가 있는데, 이제는 대한민국 와서 나이 자랑 말아야 하는 상황이다. 각자 나이가 들었지만, 위아래 순서는 크게 올라가지 않은 탓이다. 바꿔 말하면 나이 조금 더 먹었다고 해서 윗사람 행세할 상황이 아니고, 순서가 크게 올라간 게 없으니 위치는 거의 그대로라는 이야기이다.

엉덩이를 가볍게 하시라. 누굴 만나든지 먼저 일어서서 인사하고, 먼저 움직여라. 그게 선배들에게 칭찬받는 길이고, 후배에게 존경받는 길이다. 밥값 계산까지 선수 치면 좋겠지만, 그게 부담이라면 사소한 행동일지라도 '선수 치는 사람'이 매력적인 사람이다.

✳ 복을 부르는 웃음

"인간은 웃는 재주를 가지고 있는 유일한 생물이다."

-빅토르 위고Victor Hugo

"웃음은 강장제이고, 안정제이며, 진통제이다."

-찰리 채플린Charlie Chaplin

명언이나 속담 중에서 가장 많은 주제를 꼽으라면 그중 하나는 웃음이고, 다른 하나가 사랑일 듯하다. 웃음은 그만큼 우리 일상에서 떼려야 뗄 수 없는 것으로, 아무리 많아도 지나치지 않다는 점에서도, 또 행복하기 위해서 필수적이라는 면에서도 웃음과 사랑은 공통적이다.

그러함에도 불구, 우리가 일상을 살아가면서 돌이켜 보면 파안대소破顔大笑(얼굴이 찢어질 정도로 크게 웃음)하거나, 박장대소拍掌大笑(손뼉을 치며 크게 웃음)한 적이 하루에 몇 번이나 있을까? 그렇게 좋은 웃음임에도 현실에서는 바쁜 업무, 과로, 스트레스 등 때문에 그런 여유를 갖지 못하는 경우가 대부분이다.

"하아, 하하하하! 하아, 하하하하하!"

실제 웃음소리를 들으면 누구나 알 만한 배우 전원주 선생님의 호쾌한 웃음이다. 이른바 파안대소와 박장대소의 대명사이다. TV나 라디오 방송에서 그의 웃음소리를 들으면 영문도 모른 채 옆에 있는 사람까지 따라 웃게 될 정도이다. 전원주 선생은 '외모 문제' 때문에 자신의 이름을 꽤 오랜 기간 알리지 못하는 무명 배우로 지내다가, 결국 특유의 웃음 덕에 이제는 누구나 아는 유명 배우가 되었다.

탤런트 임현식 선생님도 비슷하다. 동년배로 '잘생긴' 배일섭 선생님이 스타 배우로 활동할 때, 무명 배우로 지내다가 〈한지붕 세가족〉 프로그램에서 감초 같은 전파사 아저씨로 특유의 너털웃음을 선보이면서 '순돌이 아빠'로 이름을 날렸다.

웃음은 누구에게나 기쁨과 행복감을 느끼게 한다. 그래서 즐거운 이야기로 웃음꽃이 피면서 대화하는 이에겐 사람이 몰린다. 처음 만나더라도 금방 친해진다. 웃음은 상대방에게 적대감을 없애 주고 친근감을 높여 준다.

"지난주 새로 오신 부장님 있잖아요. 만나 보셨어요? 엄청 재밌더라고."

"왜요? 아직 못 만났는데요."

"엄청 재밌으시더라고요. 회의하는데, 정말 웃다가 시간 다 갔어요. (웃음)"

"아, 그래요? 저희도 다음 주 미팅하기로 했는데, 궁금하네요. (웃음)"

웃음이 중요한 이유는 여러 속담에도 나온다. 우리나라에는 "웃는 얼굴에 침 못 뱉는다."라는 말이 있다. 대화의 내용이 다소 좋지 않더라도, 혹은 전달 방식에 문제가 있더라도 상대방이 웃는 얼굴로 이야기한다면 비난하기는 쉽지 않다는 이야기이다.

유대인 속담에도 비슷한 게 있다. "웃는 법을 모르면, 가게를 열지 마라." 손님을 웃음으로 대할 게 아니라면 장사를 하지 말라는 말인데, 그만큼 사람과 사람이 만나는 비즈니스에 있어서는 웃음이 중요하다는 의미이다. 바꿔 말하면 웃음이 비즈니스에 큰 도움이 된다는 것이다.

요새야 웃는 것에 인색하지 않지만, 20~30년 전만 하더라도 직장에서는 왠지 조금 엄숙함을 유지해야 했다. 회의석상에서도 리더가 편하게 분위기를 유도하지 않으면 심각함 그 자체로 흐르는 경우가 많았다. 웃음을 유발하면 실없는 사람, 사무실 분위기를 해치는 사람으로 취급되기도 했을 정도이다.

하지만 이제는 웃음이 능력이다. 상대방을 웃게 하는 사람에게 사람이 모이고, 상대방 이야기에 크게 웃을 줄 아는 사람이 매력적이다. 누굴 만나든 환하게 웃어 주는 것은 상대방에게 마음의 문을 열어 주는 시그널로도 작용한다. 비즈니스 목적으로든 어떤 이유로든 꼭 친해져야 한다면 웃음으로

'친밀 속도'를 당길 수도 있다. 부러 당기려고 할 필요는 없지만, 웃음이 '부스터' 역할을 할 것은 분명하다.

특히 웃음은 상대방에게 편안한 마음을 안겨 주고, 내가 대화를 할 준비가 돼 있음을 알려 주는 청신호이다. 그런데 가정에서는 그저 가족끼리 자주 본다는 이유로, 혹은 바쁘다는 핑계로 그냥 그냥 무뚝뚝하게 일상을 보내는 게 다반사이다. 소중한 사람을 경시하는 우를 범할 수 있다. 이런 사람이 그렇다고 밖에서 자주 웃는 것도 아니다. 직장이나 외부 미팅에서는 오히려 웃음 짓는 게 왠지 어색하다는 이유로 웃음에 인색한 경우도 있다.

따라서 웃음은 의지를 갖고 실천해야 할 일이다. 우리가 누군가를 평가할 때, 관성의 법칙으로 그냥 일상을 살아가는 사람으로 보이는 이들이 있는가 하면, 가능하면 뭔가 시도를 해보는 사람이 있다. 인생의 풍요로움을 위해서는 아무래도 '웃는 시도'가 답이다.

의사 출신으로 질병관리청장을 지낸 전병율 대한보건협회장의 트레이드마크는 웃음이다. 그분은 내가 아는 한 항상 웃는 상이다. 요즘도 협회에서 발행하는 월간지인 《더 행복한 건강생활》편집회의 때문에 회의를 하다 보면, 어색한 분위기에서는 그의 특유의 웃음이 진가를 발휘한다.

"이게 이렇게 됐어야 하는데, 허허. 다음부터 이러면 큰일이네. 허허."

사회생활을 어느 정도 하면, 상사가 이야기할 때는 무엇이 잘못됐는지를 알기 때문에 굳이 조목조목 비판을 하지 않더라도 대부분 잘잘못이 확인되는 경우가 다반사이다. 이럴 때는 어두운 얼굴로 잘못된 점을 직설적으로 언급하는 대신에, 오히려 "허허!" 하는 웃음 속에 담긴 질책이 자신이 얼마나 더 노력해야 하는지를 일깨워 줄 수도 있다는 점에서 더욱 효과적이다.

사실 웃음은 같이 있는 사람에게 기쁨을 줄뿐더러 웃는 자신에게도 여러 가지로 이롭다. 스트레스 호르몬인 코르티솔 분비를 줄이는 한편 행복 유발 물질인 엔도르핀과 도파민 분비를 촉진한다. 긍정적인 사고가 활성화돼서 우울증 예방에도 도움이 크다.

이미 많은 연구에서도 나왔지만, 웃음은 우리 면역세포의 활성화를 촉진해 감염병을 포함한 각종 질병 방어에 도움을 주는 치료제와 같다. 특히, 요즘 급속하게 고령화 사회로 진입하면서 노인성 질병인 혈관 질환이 이슈인데, 긍정적인 감정과 웃음은 혈관을 확장시켜 혈압을 감소시키는 데에도 직효이다.

세계적 의학평론가인 후나세 순스케는 그의 저서 《우리가 몰랐던 웃음 치료의 놀라운 기적笑いの免疫學》에서 크게 웃는 것은 질병까지도 치료할 수 있다며 관련 사례를 자세히 소개했다. 그중 하나인 실험연구를 소개하면 이렇다.

18명의 암 환자 그룹을 모집한 뒤, 웃음으로 인한 신체 변화를 측정하기 위해 먼저 실험 전에 이들로부터 혈액을 채취해 암세포 대응 백혈구인 NKNatural Killer 세포수를 측정했다. 이후 3시간 동안 이 환자 그룹에게 박장대소할 정도의 재미있는 이야기를 들려준 뒤, 이후 혈액검사를 통해 NK 세포수를 체크했더니, 이 세포수가 이전보다 많게는 6배 이상 증가한 것으로 나타났다.

웃음은 암 치료에만 효과가 있는 것이 아니라, 식후 20분간 웃는 것만으로도 혈당 수치를 40% 낮춘다는 결과도 있다. 게다가 웃으면서 이뤄지는 호흡은 심호흡보다 더 많은 양의 산소를 받아들여 복근 등의 근육운동 효과도 큰 것으로 나타났다. 오래 웃으면 실제로 배가 아픈 것이 복근운동 때문이다. 웃음이 우리 건강에 좋다는 이야기를 많이 하지만, 과학적으로도 증명된 셈이다.

특히, 억지로 웃는 '가짜 웃음'조차도 건강에 도움을 준다고 한다. 우리 뇌가 스스로 착각해서 도파민과 세로토닌 같은 행복 물질을 분비하기 때문이다. 물론 과장된 웃음이 오래 지속되면 피로 누적으로 오히려 역효과가 있겠지만 말이다.

1970~80년대 인기 TV 코미디 프로그램으로 요즘도 복고풍을 타고 방영되는 〈웃으면 복이 와요〉. 별도 설명할 필요가 없이 맞는 말이다. 웃음은 사람을 매력적으로 만든다. 어느 자리이건 사람을 몰고 다닌다. 내 건강을 위해 그리고 남의 건강을 위해 웃는 게 최고이다.

"우리는 행복하기 때문에 웃는 것이 아니고, 웃기 때문에 행복하다."

-윌리엄 제임스William James

맞는 말이다. 우리가 일상을 살아가면서 웃을 이유를 찾을

게 아니다. 요즘처럼 빡빡한 일상에서 하루에 한 번 웃기도 어려운 날들이 적지 않다. 이유를 찾지 말고 먼저 웃는 실천부터 해야 한다. 먼저 실천하고 그 이유는 나중에 찾아야 할 게 웃음이다.

내가 만든 충실한 비서, 메모

"아, 보니까요. 저희가 전에 만난 적이 있었네요. 2012년
10월 7일, 계동 삼대복집에서 뵈었습니다."
"아니, 어떻게 아셨어요? 그걸 어떻게 기억하세요?"
"기억하기보다는. (웃음) 사실은……."

기자 생활을 했던 덕분인지, 아니면 어렸을 적부터 선생님
의 칠판 글씨를 잘 베껴 적은 습관 때문인지는 모르겠으나,
누군가와 만난 뒤 명함 이미지와 함께, 만난 장소, 날짜, 개인
정보 등을 핸드폰에 기록해 놓는 게 습관이다.
이렇게 해 놓으면 상대방을 다시 만날 때 핸드폰에 저장된

이름과 회사 등으로 검색해서 전에 메모해 놨던 정보를 확인할 수 있어서 다시 인사하거나 이야기할 때 매우 편하다. 만난 지 10년이 훌쩍 넘은 사람과 다시 만나면 사실 기억이 가물가물한데, 이때 '기억'이 아닌 '메모'로 소환할 수 있고, 이야기하는 동안 화젯거리를 폭넓게 가져가면서 대화할 수 있는 등 장점이 한두 가지가 아니다.

메모에 관해 흥미로운 것은 머리가 엄청 좋은 천재들이더라도, 이들을 뒷받침하는 것은 메모였다는 점이다. 레오나르도 다 빈치, 아이작 뉴턴, 벤저민 프랭클린, 에이브러햄 링컨, 알베르트 아인슈타인 등 근세 역사의 천재가 모두 그랬고, 우리나라를 대표하는 기업인인 고 이병철 회장과 정치가인 고 노무현 대통령도 지독한 메모광이었다.

예컨대, 르네상스를 대표하는 위대한 천재이자 화가, 음악가, 생물학자, 과학자, 건축가, 발명가, 철학자인 레오나르도 다 빈치가 기록한 메모는 모두 혀를 내두를 정도이다. 사후에 발견된 그의 노트에는 그의 전문지식과 함께 요리법과 유머 등이 무려 1만 4천 페이지에 걸쳐 담겨 있다고 한다.

벤저민 프랭클린 미국 대통령은 메모와 글쓰기를 통해 모든 것을 계획하고 실천하기로 유명했다. 요즘에는 온라인 앱으로 각종 캘린더와 플래너가 많이 나와서 과거 다이어리로 나온 캘린더가 시들하긴 하지만, 누구나 아는 '프랭클린 플래너'가 그의 이름으로부터 탄생했다.

오늘날 세계적 기업인 삼성을 탄생시킨 고 이병철 회장에 대해 막내딸 이명희 회장은 "아버지는 지독한 메모광이었고, 나도 그래서 메모하는 습관을 배우게 됐다."라고 회고할 정도이다. 사실 많은 것들을 부모로부터 자식이 배우지만, 독서와 메모 등 평생을 풍요롭게 할 좋은 습관은 자식에게 물려줄 그 어느 것보다 귀한 자산이다.

격동적인 인생을 살다가 비극적으로 생을 마감한 고 노무현 대통령도 메모광이었다. 국무회의 자리건, 사석에서건 생각날 때면 곧바로 메모해서 연설문 작성이나 정책에 반영했는데, 흡연을 했던 노 대통령은 메모지가 없으면 담뱃갑에 써 놓곤 했다는 게 측근의 전언이다.

메모는 이렇듯 인생에서 가장 소중한 시간을 최대한 효율적으로 사용할 수 있도록 지원하는 절대적인 도구이다. 그것도 돈 주고 사지 않고, 자신의 노력 여하에 따라 '득템'할 수 있는 소중한 재산이자, 성실한 '나 자신이 만든 비서'이다. 결국 내가 어떻게 체화해서 내 일상에 활용하는지가 메모의 핵심 기술이기도 하다.

세계적인 컨설팅 기관인 맥킨지Mckinsey의 연구 결과를 보면, 메모하는 사람은 그렇지 않은 사람보다 업무에 있어 생산성과 효율성이 평균 30%가량이 높다고 한다. 어찌 보면 당연한 것일 수도 있지만, 메모하는 과정에서 일의 우선순위와 처리방식이 머릿속에서 어느 정도 정리가 된다. 그렇게 되면 업무를 수행할 때에도 메모하지 않는 사람에 비해 실수를 최대한 줄일 수 있다.

실제로 메모는 삶의 효율적인 여과장치와 같다. 메모해 놓고 조금 시간이 지나서 정리를 하다 보면, 꼭 해야 할 일과 그렇지 않은 일이 중요도에 따라서 구분돼 효율적인 일처리가 가능하다. 마치 마트에 가기 전에 살 물건을 미리 생각하는 것과 같다. 메모 없이 마트에 가서 생각나는 대로 식료품을 사다 보면 집에 이미 있는 것을 또 사거나, 반대로 꼭 구입해야 할 필수품을 빠뜨리게 된다.

조금 다른 관점일 순 있지만, 메모는 대화 상대방을 '리스

펙트'하는 좋은 방법이기도 하다. 10년 가까이 공무원 선배로 모신 보건복지부의 이기일 차관은 인격적으로도 훌륭하지만, 메모와 관련해 나에게 확신을 심어 준 분이기도 하다. 삼성 갤럭시 노트 크기의 종이 수첩을 갖고 다니다가 어느 자리에서건 상대방이 인생이나 업무에 보탬이 될 만한 중요한 말을 할 때, 그 자리에서 수첩을 꺼낸다.

"제가 좀 적어도 되겠습니까? 메모했다가 다음에 반영하면 좋을 것 같아서요."

상대방의 이야기를 깨알같이 적는 것을 한두 번 본 게 아니다. 대부분 상대방의 반응은 이렇다.

"아이쿠, 별 도움도 안 될 텐데, 뭘 적으세요."
"높으신 분이 이러시면. 아이쿠."
"기자 하셔도 되겠습니다. (웃음)"

반응은 다양하지만, 대부분이 모두 겸연쩍어 하면서도 기분이 좋은 눈치였다. 상대방이 내 말을 경청하고 나를 중요하게 여긴다는 의미이고, 그 말이 정부 정책에도 반영될 수 있다는 뜻이라서다. 서로에 대한 끌림의 속도가 더욱 빨라질 수밖에 없다.

꼭 비즈니스적 메모가 아니라도, 중요한 추억이나 책에서의 경구, 지인으로부터 들은 의미 있는 말 혹은 대화할 때 나온 유머를 조금씩 습관적으로 메모해 놓으면 좋다. 다양한 사람과 이야기할 때 그 내용을 불러와서 언제든지 편하게 이야기 주제로 사용할 수 있기 때문이다.

어떤 것이든 간에 문득문득 떠오르는 아이디어를 메모해 놓는 것도 좋다. '그때 어떤 게 생각났었는데, 기억이 안 나네.'라며 후회해 봤자 나중에 오히려 기억을 불러오지 못해 스트레스만 더 받게 된다.

메모에 바탕을 둔 일정 관리도 마찬가지이다. 앞으로 할 일에 대한 메모는 핸드폰 캘린더 앱을 통해 해당 날짜에 미리 기록해 놓으면 핸드폰을 잃어버리지 않는 이상 걱정할 이유가 없다. 특히 요즘은 클라우딩이 잘돼 있기 때문에 핸드폰을 분실한다고 해서 모든 게 끝장나는 게 아니다.

특히, 메모하는 습관은 우리 건강에도 도움을 준다. 메모는 우리 몸에 가장 중요한 뇌를 지속적으로 활성화하는 것이기 때문에, 앞서 말한 기억력 외에 창의력도 높여 준다. 미국 카네기멜론대학교Carnegie Mellon University의 연구에 따르면 메모는 뇌의 전두엽과 측두엽 영역을 활성화함으로써 창의적인 해결책을 만드는 데 도움을 준다고 한다. 레오나르도 다 빈치 같은 역사적으로 유명한 천재의 중요한 업적이 이와 연관된 것이지 않을까 싶다.

실제로 메모를 자주 하면 사람들의 이름을 기억하는 데 도움이 된다. 예컨대 많은 사람을 만나면서 명함을 주고받은 뒤 시간이 좀 지나면, 특히 나이가 들수록 사람들의 이름을 기억해 내는 게 쉽지 않다. 하지만 먼저 명함을 받은 뒤, 명함 앱을 통해 사진을 찍어서 보관하고, 자동으로 등록된 핸드폰 전화번호부에 이름, 만난 날짜와 장소, 특징 등을 적으면, 그 과정에서 확실히 기억을 한 번 더 하게 된다.

'최종 마감'은 역시 카카오톡 저장인데, 명함에 나온 이름과 전화번호 등을 카카오톡에 저장하고, 요즘엔 카카오톡 연락처에 메모 기능도 있어서 필요한 정보를 거기 적어 놓아도 된다. 참고로 핸드폰에 저장된 전화번호가 5천 개 이상이면 핸드폰 연락처가 자동으로 카카오톡과 연동되지 않아서 5천 개 이상의 새 연락처는 카카오톡에 따로 저장해야 한다.

기억이 얼마나 빨리 사라지는지를 19세기 후반에 연구한 헤르만 에빙하우스Hermann Ebbinghaus는 이른바 '망각곡선 forgetting curve'을 만들었는데, 이 연구의 본질은 사람들은 시간이 지나면 특정 내용을 빠르게 까먹지만, 학습 등을 통해 기억을 반복한다면 기억 시간을 오래 유지할 수 있다는 게 요지이다. 메모는 기억의 습작인 만큼, 그 효과는 실제로도 너무나 분명하다.

아울러, 메모는 스트레스 감소에 큰 도움을 준다. 미국 컬럼비아대학교Columbia University 연구에서는 메모하는 사람들은 메모를 통해 향후 일에 대한 심리적 안정감을 찾아서 불안감이 줄어든다고 했는데, 내 경험으로 보면 정말로 맞는 말이다. 해야 할 일이나 하고 싶은 일을 메모해 놓고 하루를 시작하거나 마감하는 것만큼 마음 편한 것이 없다.

사실 요즘과 같이 바쁜 시대에는 자신의 일정을 기억에만 의존해서 꾸려 나가기는 매우 어렵다. 특히 직장인의 경우에는 식사 약속, 회의, 가족과 동호인 모임 등을 캘린더 앱으로 챙기는 경우가 많은데, 꼼꼼하게 메모해 놓지 않으면 크게 낭패를 볼 수 있다.

점심 약속을 고객 혹은 지인과 전화로 잡고, 막 메모하려고 했는데, 그때 마침 상사로부터 호출을 받거나 다른 전화를 받다가 메모를 놓친 경험이 있을 수 있다. 그렇다면 아마도 그런 상황의 악몽 같은 기억이 떠오를 것이다. 약속을 잡은 서로가 무심해서 중간에 소통하지 않았다면, 해당 날짜에 상대방으로부터 점심 약속에 왜 안 나오느냐는 문자나 전화를 받게 된다. 속이 시꺼멓게 타들어 갈 수밖에 없다.

어찌 보면 일상에서 누구나 할 수 있는 일이지만, 누구도 제대로 하지 못하는 게 '습관적 메모'이다. 메모만큼 습관화가 중요한 것도 없다. 업무와 건강을 모두 챙기는 메모. 내 마음먹기에 따라 얼마든지 멋지게 만들 수 있는 게 메모이다. 오늘부터 그런 내 비서를 만들어 충실히 활용해 보자.

✳ 존중과 인정을 담은 칭찬

내가 이사로 있는 비영리 사단법인인 한국재해재난안전협회의 전임 회장인 김찬석 청주대학교 인문사회대학장은 마치 '칭찬 교과서'와 같다. 협회 업무를 보고하거나 논의한 후에는 항상 이렇게 말문을 연다.

"노고가 많으십니다."
"고생하셨습니다."
"큰일을 하셨습니다."

김찬석 학장은 내가 기자 시절에 외국계 은행 홍보이사로 처음 만났고, 다시 공직 생활을 시작한 후에는 청주대 교수로서 부처 정책홍보 자문위원으로 같이 일했고, 내가 학교로 나온 뒤에는 같이 협회를 설립하고 회장님으로 모실 정도로 인연이 깊다. 그의 멘트는 한결같다. 가끔 홍보대행사의 용역 수행 심사평가에 우연히 같이 심사위원으로 참석할 때도, 그의 발언을 들어 보면 동일하다.

"발표하시느라 수고 많으셨습니다."
"훌륭한 발표였습니다."
"준비하시느라 애를 많이 쓰셨네요."

사실 발표자 입장에서 보면 발표 내용에 따라 그의 발언이 형식적으로 느껴질 수도 있고, 반대로 발표가 훌륭했음을 알려 주는, 진정성 있는 코멘트로 받아들여질 수도 있다. 심사위원이야 편히 와서 코멘트를 하면 그만이지만, 사실 이를 준비하는 발표자와 그 팀은 며칠, 혹은 몇 주를 고생했을지 모를 일이다. 그런 발표자로서는 발표 내용의 잘못된 점을 먼저 지적하기보다는 이렇게 먼저 칭찬을 해주는 심사위원에게 고마움을 느끼지 않을 수 없다. 자연스럽게 심사위원의 다른 발언에 대해 발표자도 경청을 하게 된다.

 '칭찬'을 국어사전에서 보면, "좋은 점이나 착하고 훌륭한 일을 높이 평가하거나, 평가하는 말"을 일컫는다. 칭찬을 듣고 기분이 안 좋을 사람은 없다. 그런데 사실 칭찬은 상대방의 기분만 '업'되게 하는 것이 아니다. 칭찬받는 사람의 자신감과 자존감도 높이게 되는데, 이는 그 사람의 태도, 행동, 습관 변화를 넘어 인생 여정까지 바꿀 수 있는 중요한 요소이다. 또한 칭찬한 사람에 대해 호감 혹은 이를 넘어 존경심까지 불러올 수 있는 것이 바로 칭찬이다.

 한때 베스트셀러로 낙양의 지가를 올린《칭찬은 고래도 춤추게 한다》에 나오는 이야기는 칭찬이 우리 인생에 얼마나 소중한지를 일깨워 준다. 무게 3톤에 이르는 범고래가 물 밖으로 솟구치는 멋진 쇼를 펼치는 핵심 동인은 조련사 데이브Dave의 칭찬이다. 오랜 기간 범고래와 조련사 간에 쌓인 신뢰 관계 속에서 이들의 '동행'은 쇼가 끝난 뒤에 범고래가 조련사 주위를 따라다닐 정도로 지속된다.

 근데 이 칭찬이라는 게 누구나 들으면 좋지만, 막상 우리는 누군가를 칭찬하는 데에 인색하다. 칭찬을 잘하지 않는 어떤 이들은 칭찬을 과하게 하면 상대방이 버릇이 없어진다는 '평계'를 대는 경우도 있다. 물론 그럴 수도 있다. 또는 칭찬하는 걸 상대방에게 아부하는 것으로 취급하기도 한다. 하지만 내 경험으로 보면, 꽃에 물을 주지도 않는 사람이 "물을 너무 많이 주면 뿌리가 썩는다."라고 이야기하는 것처럼 들린다. 칭찬을 부정적으로 이야기하는 사람은 정말로 칭찬의 효과를 보지 못한 사람이지 않을까.

꽤 오래전인 대학교 다닐 때의 일이지만, 아직도 생생하게 기억나는 에피소드가 있다. 나는 대학교에서 경제학을 전공했지만, 당시 공인회계사가 인생에 있어서 안정적인 수입(?)을 가져다줄 것 같다는 막연한 생각에, 회계사 1차 시험 준비를 위해 꽤 많은 회계학 과목을 들은 적이 있다. 기초회계, 중급회계, 원가회계, 관리회계……. 학부 성적표를 최근에 확인해 보진 않았지만 모두 좋은 점수를 받았던 것으로 기억한다. 거기에는 아마도 1차 시험 준비라는 목적의식이 자리 잡았기 때문일 수도 있겠지만, 회계학 교수님의 한마디 칭찬이 나에겐 더 의미 있게 다가온 덕분이었던 것 같다.

숫자로 차변과 대변을 정확하게 맞추는 것 자체가 재미도 있었고, 교수님이 워낙 쉽게 열정적으로 가르쳤던 터라 수업을 열심히 들었다. 당시 교수님은 쪽지시험(퀴즈)을 보게 한 뒤, 마치 초등학교 때처럼 학생들을 향해 "다 맞은 분? 한 문제 틀린 분? 두 개 틀린 분?" 이런 식으로 손을 들게 했는데, 나는 퀴즈시험 때 대부분 거의 다 맞혔던 것으로 기억한다.

한 학기 중에 세 번 이상의 퀴즈시험을 쳤는데, 마지막 퀴즈시험에도 교수님의 똑같은 질문에 내가 다 맞혔다는 신호로 손을 살며시 들었다.

"아니, 학생은 경영학과도 아닌데, 왜 이렇게 잘하세요?!"

이 교수님은 항상 존칭어를 사용하셨다.

사실 그렇게 칭찬해 주신 교수님의 용기(?)가 회계학 과목을 대부분 공부하게 된 원동력이었던 듯하다. 30년 가까이 지난 지금, 아직도 당시 상황과 교수님의 말씀이 또렷하다. 그래서 난 지금도 누군가 잘한 일이 있으면 "왜 이렇게 잘하세요?!"라며 그 교수님의 멘트를 따라 한다. 그만큼 칭찬의 효과를 확신한다.

칭찬에 인색할 게 없다. 내가 아는 상식으로는 우리나라에서 칭찬 걱정은 굳이 안 해도 될 듯하다.

"나는 한마디의 칭찬으로 두 달 동안 기쁘게 살 수 있다."

《톰 소여의 모험》으로 우리나라에 잘 알려진, 미국 문학의 아버지인 마크 트웨인Mark Twain의 말이다. 사실 나는 마크 트웨인보다도 더 오랜 기간 칭찬의 효과를 본 것 같다.

실제로 많은 연구 결과에 따르면 칭찬은 교육적으로 큰 효과가 있다. 가장 큰 것은 역시 나 스스로가 경험한 '동기 부여'이다. 나의 노력과 성과를 인정받음으로써 더 나은 목표를 위해 노력할 수 있는 나를 발견하는 계기가 된다.

칭찬의 또 다른 장점은 '인간관계 강화'다. 누군가가 당신의 잘한 점, 혹은 장점을 발견해 칭찬해 준다면 그 사람과의 관계는 좋을 수밖에 없고, 만남도 잦아질 수 있다. 신뢰가 쌓이면 인생의 '베프'로서, 인생의 반려자로서, 혹은 인생의 사업 파트너로서 평생을 함께할 수도 있다.

《잡보장경》에 나오는 부처님 말씀인 '무재칠시無財七施' 중 '언시言施', 즉 말로써 상대방에게 베푸는 행위가 바로 칭찬이다. 부처님 말씀이니 주저 없이 따라 해도 되지 않겠는가. 칭찬, 나누면 나눌수록 커지는 인생 매력의 도구이다.

✳
'디테일'로 소통하라

"에이, 이 사람. 좀 큰 그림을 그려야지. 스케일이 그게 뭐야."

"좀 멀리 보고 행동해야지. 뭐 그렇게 쫀쫀하게 굴어요."

이런 이야기가 한때 잘 어필하던 시절이 있었다. 비즈니스에서도 그렇고, 인간관계에서도 그렇고, 큰 그림을 그리면서 멀리 내다보고 가야 성공한다는 것이다. 세밀하게 물어보거나 꼼꼼하게 챙겨 보면, 특히 남자의 경우에는 대범하지 못하다고 핀잔을 주는 경우도 있었다.

군이 이런 과거 상황을 이해하려고 한다면, 아마도 6·25 전쟁 이후 우리나라의 빠른 성장 과정에서 이유를 찾을 수 있을 것 같다. 이른바 고도성장 과정에서 빠르게 산업화가 진행되고 농촌에서 도시로 경제가 이동하면서 국가나 시민 모두가 정말로 큰 그림을 보고 달려야 했을 것이다. 이 과정에서 국가가 부흥하고, 국민소득이 빠르게 높아졌다. 직장 중심의 사회에서 이러한 압축성장을 위한 '대범함'은 오늘날의 대한민국을 만들어 온 주요 동인 중 하나임을 부정할 수 없다.

하지만 이제는 디테일의 시대인 듯하다. 아파트의 웅장함도 좋지만, 입주민 내부 동선과 놀이터의 안전성을 이제는 세세하게 따져 봐야 한다. 우주시대에 성큼 다가선 것도 대단하지만, 발사체에 대한 세밀한 세팅은 성공 귀환의 필수 요건이다. 국민소득 3천 달러 시대에 만드는 물건이 가격과 양으로 경쟁력을 키웠다면, 3만 달러를 훌쩍 넘긴 지금은 디테일로 승부하는 고품질이 핵심 노하우이다.

"악마는 디테일에 있다The devil is in the details."

각종 영화와 광고를 통해 유명해진 이 문구는 요즘 디테일의 중요성을 역설할 때 자주 쓰인다. 정확한 출처를 찾기 어렵지만, 인생을 살다 보면 세부적인 것, 미시적인 내용의 중요성을 자주 깨닫게 되는데, 그게 바로 디테일이다. 원대한 꿈이라도, 큰 프로젝트라도 하나하나 세분해서 각자의 작은 부분이 제대로 완성돼야 하나의 결과물이 나오기 때문이다.

지구 밖으로 쏘아 올려진 엄청난 로켓이 발사 몇 분 만에 공중에서 폭발했다는 해외 뉴스를 종종 들어 봤을 것이다. 사고 조사로 밝혀진 원인은 대부분 단순하다. 추진 고체연료가 잘못된 것도 아니고, 수학적 계산이 틀린 프로그램 오류도 아니다. 어느 누군가가 추진체 접합 부위의 나사 하나를 제대로 조여 놓지 않은 것이 공중분해의 원인이었던 것이다. 내가 학교에서 가르치는 재난안전학에는 대형 재난재해 발생 원인과 관련한 부분이 나오는데, 상당히 많은 부분이 이른바 '사람의 실수human error'에서 비롯된다.

특히 우리 인생에서 디테일의 중요성은 로켓을 쏘아 올리는 것 이상이다. 디테일을 챙기면 상대방은 나에게 호감을 느낀다. 이른바 '조그만 챙김'이다.

얼마 전 나의 언론 선배로, 대기업에 다니다가 은퇴한 지인과 이른바 '번개' 점심식사를 추진한 일이 있었다. 내가 점심을 제안하자, 선배는 밖에 비가 오는데 우산을 가져오지 않았다며 말을 흐렸다. 나는 속으로 '그러면 다음에 보자고 할까?' 하는 마음이 들었다. 연락 당시 집에 있어서 밖에 비가 오는 걸 알 수 없었던 나로서는, 비 오는 와중에 선배가 있는 광화문 사무실까지 가는 게 약간 귀찮기도 했다.

하지만 다시 든 생각은 이랬다. '내가 먼저 만나자고 해놓고선 상대방이 우산을 안 가져와서 내가 그 사무실로 가야할 상황이라고 해서, 다시 다음으로 미루는 것도 우습지 않은가.' 결국 나는 "제가 선배 사무실로 갈게요. 로비에서 뵈어요."라고 번개 점심을 원래대로 하기로 했다. 선배로부터 "사무실까지 오게 하는 게 미안하다." 하는 듯한 답이 돌아왔으나, 거절하지는 않았다. 나는 내가 쓰고 온 우산이 아닌, 상표가 뜯기지 않은 새 우산을 그에게 건넸다. 기뻐하는 표정이 역력했다.

물론, 내가 좋아하는 선배라서, 그리고 시간 여유도 있고 해서 선배 사무실에 갔지만, 사실 중요한 것은 디테일이지 않았을까. 비가 와서 만나는 게 조금 귀찮기도 했지만, 오히려 조금만 생각을 바꾸고, 우산 하나 더 챙겨 간 정도이다. 인간관계는 그 사소함에서 돈독해지기 시작하고, 혹은 반대로 그 디테일 때문에 무너질 수도 있다.

디테일은 일상에서 조금만 더 생각하면, 조금만 더 신경 쓰면 그리 어렵지 않게 챙겨 볼 수 있다. 가장 실천해 보기 쉬운 것이 '사람 챙기기'다. 우선 아침 출근부터 저녁에 퇴근할 때까지 나의 이동 경로를 따라 만나거나 보는 사람들을 떠올려 보자. 이들에게 조금 더 관심을 가질 만한 게 있는지 생각해 보고 실천할 수 있다.

아침에 출근할 때 매번 지나치는 데스크 안내원에게 먼저 인사를 할 수도 있다. 엘리베이터에 탔을 때 다른 누군가를 위해 '열림' 버튼을 눌러 줄 수도 있다. 복도에서 만난 청소 아주머니에게 "수고 많으십니다."라고 말을 건네면 어떨까. 사무실에서 팀원의 점심식사 장소를 잡아야 한다면 "제가 예약할게요."라며 목소리를 내 보아도 좋다.

또 하나는 '꼼꼼하게 준비하기'이다. 친구랑 만날 때 그냥 무조건 나가는 것이 아니라, 어떤 이야기를 하면서 보낼지 조금 더 구체적으로 떠올려 볼 수 있다. 가족 모임이 있다면 내가 더 할 게 있는지 살펴보는 것도 방법이다. 사무실에서 미팅을 한다면 회의 주제뿐만 아니라, 어느 자리에 누가 앉고, 어떤 음료를 놓을지를 고민하는 것도 나쁘지 않다.

다른 하나는 '관찰력'이다. 상대방의 표정이 예전과 같지 않다면 "무슨 일 있었어? 안색이 안 좋아 보이는데?"라고 안부를 물을 수도 있다. 직장 선배가 헤어스타일을 바꿔서 뭔가 변화를 시도한 걸 보고 "어, 머리 하신 거 맞죠?"라고 인사해도 좋을 수 있다. 길가를 지나가다가 혼자 돌아다니기엔 너무 어린 아이를 보았다면, "어디 가니?"라고 물어봐서 아이의 안전을 챙겨 보는 것도 좋다.

문자 연락을 할 때도 디테일은 필수적이다. 카카오톡 문자를 할 때, 엔터키를 누르기 전에 한 번 더 내용을 살펴보아도 좋다. 수신자와 내용이 맞는지 확인하는 것도 필요하다. 이메일이나 원고도 동일하다. 조그맣게 소리 내어 읽어 보면서 문맥과 의도가 맞는지 수정해야 한다. 오자가 조그만 실수처럼 보일 수도 있지만, 큰 문제를 야기하는 단초가 될 수도 있다.

30년 가까이 지속되는 학교 선후배 모임이 있다. 직장 초년병으로 만난 우리는 이제 60살을 목전에 둔 선배가 최고참일 정도인데, 그중에는 묵묵히 궂은일을 도맡아 하는 후배가 있다. 선후배들의 근황을 먼저 묻고, 사소할지라도 각자의 생일을 일일이 챙겨 카톡방에 올리기도 한다. 만난 뒤에는 다음 모임의 예약 준비를 먼저 하고, 비용 분담 원칙을 챙긴다. 디테일은 나이가 먹는다고 나오는 게 아니라, 그 사람의 노력과 준비에서 나오는 듯싶다.

디테일이 강한 사람은 어딜 가든, 어느 곳에 있든 스스로 빛을 발한다. 자신을 드러내지 않고 주위를 살피고 세심하고 꼼꼼하게 일처리를 이어 간다. 식사 자리에서도 자신보다는 주위 사람을 먼저 챙기려는 게 눈에 보인다.

디테일은 자신이 하는 일이 무엇이든, 누굴 만나든지 간에 나만의 것으로 만들 수 있다. 디테일을 키우면 누구도 훔쳐 가기 어렵다. 나만의 디테일을 내가 만들어 보자. 내 매력은 나의 디테일에서 나온다.

Part 3

태도가 인생이다

온몸으로 듣는 경청

자신이 '올드 보이'라고 생각한다면, 어릴 적 학교에 다닐 때, 엄마한테 가장 많이 들었던 말 중 하나는 아마도 "선생님 말씀, 잘 듣거라."일 것이다. 내 경험으로 보면 조금 더 커서는 "다른 사람들 말할 때는 경청하거라."가 뒤따랐던 것 같다.

경청. 한자로 보면 그 뜻을 직관적으로 이해하기 쉽다. '기울 경傾'에 '들을 청聽'인데, 한자 그대로 옮겨 놓으면 "몸을 기울여서, 귀로 듣고, 진지한 눈빛으로 응시하고, 거기에 마음을 담아라."라는 뜻이다.

영어로는 'Active Listening' 혹은 'Attentive Listening'이 가

장 '경청'과 어울린다. 단순히 듣는 것이 아니라, 적극적으로 혹은 주의를 기울여서 듣는다는 것이다. 한자나 영어 모두 '굉장히 신경을 써서' 상대방의 이야기에 귀를 기울인다는 뜻을 담고 있다.

과거 토익 듣기시험을 친 경험이 있으면 이해가 갈 듯하다. 특히, 영어를 영어권 선생님이 아닌, 우리나라 영어 선생님한테 배웠다면, 영어 듣기가 보통 어려운 게 아니다. 1990년대 초반 토익 듣기시험을 치르고 나면 이른바 진이 빠질 정도로 피곤했던 경험이 있다. 아마도 당시 상황이 '경청'과 유사하지 않을까 싶다.

즉, 경청은 '말을 잘 듣는다'는 수준 이상이다.

먼저, '말하고 있는 상대방의 표정과 몸짓까지 주의 깊게 보고, 그의 감정 상태를 파악하면서 듣는 것'이 경청이다. 같은 말을 하더라도 상대방이 처한 상황 등에 따라 말의 의미와 뉘앙스가 달라질 수 있기 때문이다.

경청의 다른 하나는, '가능하다면 상대방의 성장배경, 직업, 철학 등에 기초해 지금 상대방이 말하고 있는 내용의 동기를 가늠하는 것'이다. 똑같은 말을 하더라도 정치적으로는 어느 편향이 있는지, 어떤 직종에 있는 사람이기에 그런 말을 하는지가 모두 말의 본질에 차이를 주게 되어서다. 예컨대 2024년 우리나라에서 가장 큰 이슈 중 하나인 '의과대학 정원 증원'에 대해 많은 갈등이 있는데, 집안에 현직 의사 혹은 의사 지망생이 있는 경우에는 이미 찬반에 있어서 다른 사람들과 차이가 적지 않을 것이다.

마지막으로, 경청은 궁극적으로 '상대방이 나의 경청을 통해 마음의 위안, 정서적 공감, 나아가서는 문제의 해법을 찾는 것'이다. 이런 과정에서 나와 상대방은 서로 신뢰가 쌓이고, 두 사람의 관계가 무엇이든지 간에 이른바 '레벨 업'된 만남을 이어 갈 기회를 제공한다.

이러한 경청은 부모와 자녀, 친구, 직장동료, 지인 등 어느 관계에서든 적용될 수 있기에 경청이 동서고금을 막론하고 그 중요성이 강조되고 있는 것이다.

그러면 어떻게 해야 경청을 잘할 수 있을까? 혹은 상대방이 내 말을 진심을 담아 들어 준다고 생각할 수 있을까? 제일 중요한 것은 진정성이겠지만, 마음만으로 모두 되지는 않는다. 마음을 담아서 내가 경청을 다하고 있음을 상대방에게

'보여 주는' 것도 마음 못지않게 중요하다.

먼저 상대방이 이야기할 때 내 몸으로 리액션을 하는 것이다. 대화할 때 간간이 눈을 맞추거나, 고개를 끄덕임으로써 '내가 당신의 이야기를 따라가고 있습니다.'라는 생각을 상대방에게 심어 줘야 한다. 고객사 미팅처럼 공식적인 경우라면 상대방이 이야기한 내용을 메모하다가 고개를 들어 상대방과 눈을 맞추는 것이 경청의 좋은 자세이다.

또는 간단하게 말로써 응대하는 것이다. "네.", "아.", "그래요." 등의 추임새를 붙임으로써 내가 이해하고 있음을 알려 주는 것도 경청의 신호를 보내는 좋은 방법이다. 물론 주의해야 할 게 있다. 화자의 이야기를 제대로 따라가지 않은 채 무성의하게 이런 반응을 보이면 오히려 역풍을 맞을 수 있다. 반드시 실제로 경청하면서 응대해야 한다. 경청의 '청聽'에 '마음 심心' 자가 들어간 이유이다.

내가 보건당국에 근무했을 시절인 2015년, 메르스 대응에서 배운 경험을 바탕으로 세계보건기구WHO의 감염병 대응평가위원으로 베트남과 태국 등 몇몇 나라를 방문한 적이 있었다. 전 세계 다양한 국가에서 선발된 10여 명의 평가위원들은 해당 국가로부터 분야별 감염병 대응역량에 대한 발표를 듣고, 평가를 위해 위원들 간의 토론을 지속했는데, 가장 인상 깊었던 부분은 이들의 경청 능력이었다.

일주일가량, 아침에 호텔에서 일어나 오전부터 오후까지 거의 하루 종일 호텔 회의실에서 발표와 토론이 지속되는데, 국가 대응능력 평가라는 일의 중요성 때문이기도 하지만, 해당 국가 발표와 이후 이어지는 위원 간의 토론에서 경청의 수준은 놀라울 정도였다. 나를 포함해 5~6개국 이상에서 온 평가위원들이 주의를 기울여 듣고, 거기에 맞는 정확한 질문을 하고, 상대방이 답을 하는 동안에 정말로 이마에 '경청'한다고 쓰여 있을 정도로 집중력 있게 들었다. 이런 분위기 탓에 누구 하나 흐트러짐 없이 토론과 발표가 이어지고, 나의 경우에는 일과가 끝난 후에 마치 토익시험을 마친 학교 시절처럼 호텔 방에서 저녁도 못 먹고 곯아떨어진 기억이 생생하다.

경청에서 또 하나 중요한 것은 비판적 사고의 배제이다. 물론 어떤 경우에는 건설적인 대안 찾기를 위해 경청을 통해 상대방의 잘못된 점을 지적할 수도 있다. 하지만 내가 생각하는 경청은 비판적 사고보다는 상대방에게 위안과 해법을 주는 것이다. 비판적 사고는 자칫 지적질로 오해를 받을 수 있어서다.

상대방이 자신의 이야기를 들어 달라고 했는데, 문제점을 지적하는 답변이 돌아온다면, 상대방은 다음부터는 나를 찾지 않을 가능성이 크다. 도움을 요청하려고 한 것이지 지적이나 비난을 들으려고 만난 게 아니기 때문이다. 경청은 들어 주는 것이지 잘잘못을 판단하는 게 아니다.

"당신이 나를 존중하는군요."
"저를 신뢰해 주셔서 감사합니다."
"앞으로 저도 당신 이야기를 잘 들어드리겠습니다."

경청이 제대로 이뤄졌다면, 말한 사람이 느끼는 감정은 이와 같다. 이런 반응이 나온다면 다음에도 그 사람은 당신에게 손을 내밀고, 그도 당신의 말을 같은 방식으로 경청할 가능성이 크다.

경청을 조금 쉽게 혹은 즐겁게 하는 방법은 내가 토론의 사회자라고 생각하는 것이다. 상대방과 토론하는 사람이 아니라, 상대방의 이야기를 듣고서 요점을 정리해 주는 사회자라고 생각하면 경청하기가 훨씬 수월하다. 사회를 봐야 하기 때문에 내가 상대방 말을 흘려들을 수가 없다.

친구나 직장동료 사이의 편한 대화라면 메모지에 적을 필요까지는 없지만, 마음에서는 메모하듯 귀를 기울여도 좋다. 세심하게 이야기를 듣고, 혹시라도 도움이 필요할 것 같은 이야기는 분위기를 봐서 상대방에게 말해 준다면 대부분은 자신이 존중받고 있음을 직감하게 된다. 당신과 이야기하는 자체가 상대방에게 그 어느 때보다 편안함을 줄지도 모른다.

실제로 사회생활을 하다가 보면 대부분 누구나 자신의 주장을 펼치려고 하지, 상대방의 이야기를 끝까지 들으려고 하지 않는다. 상대방이 너무 길게 이야기를 한다거나, 시간 제약이 있을 경우에는 중간에 이야기를 끊기도 한다. "잠깐만요, 제가 시간이 없어서.", "저도 이야기 좀 합시다."라며 가로막게 되면 오히려 서로 분쟁이 나는 상황까지 올 수도 있다.

그래서 경청은 훈련이 필요하고 인내가 요구된다. 말이 쉽지, 실제는 어렵다. 특히, 습관적으로 상대방의 말을 가로막는 사람은 끝까지 상대방의 이야기를 들어 주기가 여간 어렵지 않다. 경청이 쉬운 일이 아니기 때문에 내가 경청하면 주위에서 나를 찾게 되는 것이다. 경청, 매력 있는 나를 만드는 또 다른 레시피이다.

물론, 매번 이렇게 집중도를 높여서 상대방의 말을 외울 것처럼 경청하기란 쉽지 않다. 그럼에도 불구, 내가 누군가와의 만남에서 나를 드러내지 않고서도 상대방에게 호감을 주는 커뮤니케이션으로는 아마도 경청만큼 훌륭한 것이 없을 것이다.

알면 알수록 겸손

독일 태생의 천재 물리학자인 알베르트 아인슈타인은 상대성이론을 발견하고 이후 노벨물리학상을 받는 등 세계적인 명성을 얻었다. 그런 그에게 어느 날 제자들이 "선생님의 그 많은 학문과 전문적인 지식은 어디에서 나옵니까?"라고 묻자, 그는 실험기구에 있던 물에 손가락을 적신 뒤 한 방울의 물을 툭 떨어뜨리며 말했다.

"나의 지식은 바다에 비유한다면 이 한 방울의 물에 지나지 않습니다."

우리는 어렸을 적부터 '겸손하라'는 말을 자주 들어 왔다. "벼는 익을수록 고개를 숙인다."라는 속담도 안 들어 본 사람이 없을 것이다. 겸손함은 사람의 덕목, 신앙의 덕목, 혹은 성공의 덕목에서 필수 항목으로 꼽힌다. 아우구스티누스는 기독교의 제일 덕목으로 '겸손'을 꼽았고, 두 번째 덕목으로도 다시 '겸손'을 꼽을 정도였다. 동양의 《주역周易》에서도 겸손함은 군자의 도리라며 그 중요성을 여러 차례 강조할 정도이다.

겸손함은 단순하게 말하면 나를 낮추되 남을 높이는 것이다. 나아가서는 나의 능력이나 역량을 내세워서 자랑하지 않되, 반대로 상대방의 능력을 높이 평가해 그가 더욱 빛나게하도록 하는 게 적극적인 겸손함이다. 그래서 그런지 동서양을 막론하고 그 중요성이 오랜 기간 강조돼 왔다. 특히, 나이가 들어 세월의 의미를 조금씩 깨닫게 될수록 겸손함의 무게감은 더욱 크게 느껴지는 게 인생사이다.

얼마 전 〈매일경제신문〉에서 발견한 흥미로운 기사가 있었는데, 세계 최고의 정보통신 혁신기업인 구글이 인재를 채용할 때 기준으로 보는 다섯 가지 덕목 중 하나가 뜻밖에도 '겸손humility'이었다. 구글이라면 창의성이나 지적 능력 등을 우선시할 수 있지만, 우리나라와 같은 유교 문화권에서 강조될 것만으로 생각했던 겸손함을 보고 있다는 것은 다소 의외였다.

기사에 나온 당시 구글 인사총괄 담당자의 이야기를 듣고 보면, 구글이 왜 세계적인 기업인가를 짐작하게 한다. 이유는 이렇다. 자율성을 강조하는 구글에서 '구글리$_{googlely}$한' 인재는 능력이 뛰어날 뿐만 아니라 인성적으로도 훌륭한 역량을 갖춘 사람이어야 하는데, 그 중심에는 겸손함이 있다는 것이다.

사실 겸손함은 삶의 성공과 풍요로움에 영향을 미치는데, 그중 하나가 구글이 강조한 이유와 연관된 '창의적 겸손'이다. 아인슈타인의 겸손에서도 보았듯, 새로운 개념이나 아이디어를 발견하려면 자신의 부족함을 알고 다른 사람의 의견과 주장을 적극적으로 수용할 줄 알아야 한다.

그런 바탕 위에서 번뜩이는 아이디어가 탄생하고, 그게 자신의 삶은 물론, 세상과 역사를 바꾸는 이론이나 발명품으로 이어지고, 그 신기술 혜택을 우리 모두와 후손이 누리고 있는 것이다. 우리 생활을 혁신적으로 바꾼 발명품인 종이, 금

속활자, 페니실린, 전기, 세탁기, 자동차 등 모두가 이에 해당한다. 지금은 너무나 당연한 것으로 생각하고 사용하지만, 역사적으로 보면 우리 인류에게 혁명적으로 편리함을 가져다준 게 대부분이다.

다른 하나는 창의적 겸손과 연장선상에 있는 '학문적 겸손함'이다. 2,600여 년 전 살아 계셨던 소크라테스의 말처럼, '모든 학문은 내가 무엇을 모르는지를 아는 것'에서 출발한다. 그 모르는 것을 스스로 안다는 것은 겸손함에서 시작된다.

아이가 성인이 되면 인생의 대부분을 알 것 같고, 대학교를 졸업하면 공부를 좀 한 것 같고, 대학원을 들어가서 석사를 마치면 거의 다 한 것 같지만, 결코 그렇지 않다. 꼭 학문이 아니라도 나의 지식과 경험 자체가 부족함을 알아야 교만하지 않고, 알찬 삶을 살 수 있게 하는 원동력이 된다.

요즘은 평생 학습의 시대라고 하지 않는가. 인생이 풍요롭고 충만해지는 것 중 하나는 평생을 배워 가는 과정으로 여기는 것이다. 이를 위해서는 내가 어떤 게 부족한지를 스스로 확인하고, 하나씩 그리고 조금씩 깨쳐 나가면 인생에 통찰력이 생기고, 그 과정에서 새로운 기쁨을 느끼지 않을까 싶다.

사실 나는 공부에 취미가 있어서라기보다는 기자 생활, 그리고 보건복지부 공직 생활 과정에서 의도치 않게 언론학 박사와 보건학 박사를 따게 되었지만, 학문과 인생에 있어서의 겸손함은 나 자신을 확장시키는 필수 요인임을 여러 차례 경험했다. 그래서 박사학위의 크기는 아인슈타인의 말처럼 "저 큰 지식의 강물에 물 한 방울 떨어뜨린 정도"라고 배웠던 것 같다.

특히, 우리가 인생을 살면서 느끼는 것 중 하나는 '협업적 겸손함'의 중요성이다. "인간은 사회적 동물"이라는 말을 인용할 필요도 없이 우리는 태어나서 삶을 마무리할 때까지 평생 '관계' 속에서 살아간다. 나 혼자서 절대 살 수 없다. 누군가에게 의지하고, 다른 누군가에게 도움을 주고, 그 과정이 사실 인생사의 대부분이다.

겸손함은 여기서 빛을 발한다. 매사에 자신을 낮추고, 부족함을 알기에 배우려고 한다면, 주위 사람들은 나에게 호감을 느끼고 나와 더불어 일하기를 좋아하게 된다. 물론 능력까지 출중하면 더 말할 나위가 없다. 주위에 상부상조하는 사람들이 모이고, 자신을 발전시킬 수 있는 길이 열릴 가능성이 커진다. 요즘 말로 치면 좋은 의미의 '끈'이 생기는 셈이다.

하지만 겸손하지 않은 사람은 아무리 실력이 좋더라도 주위에서 그를 지지하거나 그와 협업하려는 사람이 많지 않다. 높은 자리에 있다면 그 자리를 유지할 당시에야 '사람'이 아닌 '자리'를 봐서 사람들이 모이겠지만, 자리가 없어지면 사람들도 사라진다. 그런 탓에 나중에 혹시 어려운 일이 있더라도 그의 손을 잡아 주는 사람은 많지 않을 것이다.

실제로 곰곰이 생각해 보면, 주위에 거만하고 교만한 사람들이 있다. 교만한 사람이 실수를 하면 그 사람을 옹호하기보다는 비난하는 게 일반적이다.

"내가 그럴 줄 알았어. 그렇게 잘난 체하더니."
"잘됐네. 한 번은 저래야 정신 차리지."

이렇게 면전에서 말하는 경우야 거의 없겠지만, 거만한 사람에게 문제가 생기면 적은 많아질 수밖에 없다. 이런 실수를 하지 않았더라도, 교만한 사람에게는 그 사람이 실수할 기회를 엿보며 질투하는 상황까지 올 수 있다.

반면, 이른바 잘난 사람임에도 매사에 겸손한 사람에게는 응당 겸손함에 대한 보상으로 '관용'을 내미는 경우가 다반사이다.

"아이쿠, 어쩌다 그렇게 됐지? 저럴 분이 아닌데."
"우리가 뭘 도와줄 방법이 없을까? 많이 안됐는데."

　똑같은 상황이더라도 그가 평소에 주위에 비친 모습이 그를 낭떠러지로 밀기도 하고, 떨어진 나락에서 그를 구출해 오기도 한다. 뉴스에 자주 오르내리는 정치인이나 연예인이 한 번에 추락하는 이유도 이런 겸손에 대한 평판에서 나오는 경우가 대부분이다.

　물론 능력의 중요성을 부인할 순 없다. 유사 이래로 '능력자'가 역사의 주도권을 잡고, 때론 세상을 흔들면서 지금까지 흘러온 게 현실이다. 하지만 능력은 어려서부터 지적 역량이 늘면서 교육을 받게 되고, 그 과정에서 능력이 발휘되고, 특정 시점에서 폭발적으로 늘었다가 인생 후반부로 가면서 그 능력은 정체 상태를 빚거나, 인생 말미에는 갈수록 떨어질 수밖에 없다.

하지만 겸손은 오히려 시간이 갈수록 그 풍미가 더할 수 있다. 오크통에 오랜 기간 숙성된 와인처럼 묵직한 보디감과 함께 향이 더 풍요로워진다. 바꿔 말하면 능력은 외적 노력에 따라 지속적으로 배양되는 반면, 겸손함은 내적 수양을 통해 깊이를 더한다. 그렇다고 능력과 겸손이 배치되는 것은 전혀 아니다. 능력이 출중하다고 꼭 겸손하지 않은 것도 아니고, 겸손하다고 해서 능력이 없는 것도 아니다.

오히려 겸손함은 자신감과도 관련이 깊다. 스스로의 능력을 믿는 사람이 자신을 쉽게 낮출 수 있다. 빈 수레가 요란하다는 말이 있듯 능력과 자신감이 없는 사람은 오히려 오만한 경우가 적지 않다. 내면이 충만돼 있지 않은 탓에 이를 외적으로 과장해서 표현하다 보니 허풍을 떨거나 거만한 행동을 하게 된다. 내면이 강하지 않으면 자신을 낮추기가 어려운 이유이다.

그래서 겸손은 그냥 겸손하고 싶다고 해서 되는 것이 아니다. 내적 역량을 키우면서 내가 스스로 어떤 게 부족한지를 알고 노력하는 사람만이 자신을 낮출 수 있다. 소크라테스의 생각처럼 '알면 알수록 내가 얼마나 모르는 것이 많은지를 알게 되는 것'이 겸손함의 시작일 수 있다. 자신이 알지 못하는 것을 모르면 겸손 자체의 의미를 알기가 어렵다.

우리가 겸손한 사람을 좋아하는 이유가 여기에 있다. 부족한 사람이 겸손하면 사람 됨됨이를 높이 평가하고, 많이 아는 사람이 겸손하면 그를 존경하지 않을 수 없게 된다. 겸손한 사람을 따르는 이가 많은 것도 바로 이 덕분이다. 사람이 많이 따른다는 것은 그만큼 매력적이라는 이야기다. 호감이 많이 간다는 뜻이다.

내가 공직 시절에 모셨던 정진엽 전 보건복지부 장관은 겸손함 그 자체이다. 겸손함이 얼굴에서 나온다고 하면 과장처럼 들릴지 몰라도, 실제로 태도에서 이미 그런 느낌이 풍긴다. 나이 어린 부하에게 존댓말을 한다고 해서 꼭 겸손하다고 할 순 없지만, 문자를 하더라도 꼭 존칭을 잊지 않는다. 학문적으로도 인격적으로도 높은 위치에 있지만, 결코 그걸 표시 내지 않는다.

겸손함은 노력만으로 몸에 스며들기 어렵다. 스스로가 부족하다는 것을 인식하고, 상대방을 존중하고, 나를 낮추는 데서 나온다. 상대방을 높이려는 마음가짐이 지속적으로 쌓이고, 이게 외적으로 나타날 때 비로소 그 의미를 더하게 된다. 겸손함이 성공의 필수 요소는 아닐지 몰라도, '겸손한 성공' 은 인생의 아름다움에 매력을 더하는 것임은 분명하다.

✳ 기대감 낮추기

"신랑과 신부는 일가친척과 친지, 동료를 모신 가운데 앞으로 일생 동안 고락을 함께할 것을 굳게 맹세하였습니다. 이에 두 사람이 부부가 되었음을 엄숙히 선언합니다!"

작년 기준으로 연간 19만 쌍이 이렇게 성혼선언문 낭독으로 결혼 생활을 시작했다. 하지만 결혼 생활이라는 게 첫 마음 같지는 않다. 30년가량 서로 다른 길을 걷고, 다른 환경에서 자란 탓에 아무래도 서로 지향점이 다르고 성격도 다를수밖에 없다.

연애 시절도 그렇고, 결혼 생활도 그렇고, 처음 만남과 달리 시간이 갈수록 대부분은 살면서 상대방에 대한 좋은 점은 조금씩 눈에서 사라져 가고, 나쁜 점이 더 눈에 띄기 시작하는 게 현실이다. 이는 친구 사이도, 연인 사이도, 동료 간에도 마찬가지다. 처음과 끝이 모두 한결같이 좋거나, 서로가 같은 마음이라면 오죽 좋겠는가. 하지만 현실은 그렇지 않은 경우가 대부분이다.

그런데 말처럼 쉽진 않겠지만, 이를 극복하는 방법이 있다. 서로에 대한 기대치를 낮추는 것이다. 서로 남남일 때는 상대방에게 크게 기대를 안 하다가, 연인이 되고 부부가 되면 기대치가 높아지고 바라는 게 많아지면서 갈등이 시작되는 게 보통이다. 결혼 초기에는 알콩달콩하게 살지만, 시간이 가면서 남편은 부인에게 집안일을 더 요구하고, 부인은 남편에게 다른 뭔가를 더 챙기라고 요구하면서 옛날의 뜨거운 눈빛의 사랑은 식어 가기도 한다. 물론 결혼 생활이 모두 이렇게 진행되지는 않겠지만 말이다.

기대치를 낮추는 것은 사회생활에서의 대인관계 성공 비결로서도 그 의미가 적지 않다. 첫 만남에서 상대방에게 기대감을 많이 갖는 것은 아니지만, 시간이 조금씩 흐를수록 상대방에 뭔가를 바라게 된다.

'이 정도는 내 부탁이니까 들어주겠지.'
'여기까지 이야기했으면 내 말을 이해했겠지.'
'내가 그간 얼마나 많이 챙겨 줬는데…….'

이런 생각이 들면 이미 상대방에 대한 기대감이 높아졌다는 증거이다. 기대감이 커질수록 실망할 가능성이 크다. 조그만 부정적인 응답이 나와도 서로의 관계에 금이 갈 확률이 높아지고, 결국에는 서로가 서로에게 끌림을 받지 못하는 사이로 소원해지게 된다. 이런 기대감은 남녀 관계를 떠나 인생을 살면서 대부분 맞닥뜨리는 게 현실이다.

자녀를 가진 부모라면 대부분이 공감할 수 있는 이야기 하나. 부부가 아이를 갖게 되면, 그 자체로서 큰 기쁨이다. 특히, 여러 이유로 아이를 갖지 못하다가 임신 사실을 확인한 경우라면 더욱 그렇다. 이후 아이가 태어나면 건강하게 자라 주는 것만으로 행복함을 평생 느낄 것이라고 생각하지만, 조금 시간이 지나 아이가 유치원에 가고 초등학교에 입학하면서 부모에게는 그 초심이 조금씩 사라진다.

다른 아이와 비교를 하게 되면서 '공부를 잘했으면…….', '좀 발표를 잘했으면…….', '성격이 좀 더 활달했으면…….' 등 기대감이 생기게 된다. 그런 기대감이 부모의 마음속에만 있으면 다행이지만, 자녀에게 결국 조금씩 요구를 하게 된다. 처음에야 좋은 말로 아이에게 이야기하겠지만, 심하면 "그것밖에 못 하니.", "다른 애들은 다 하더라.", "엄마가 몇 번 이야기했니!" 등 상처를 주는 말이 불쑥 튀어나올 수 있다. 결국엔 대부분 갈등으로 연결되고, 또 다른 화를 불러오는 악순환이 이어질 수 있다.

처음엔 태어난 것만으로, 그리고 건강하게 자라 주는 것만으로 감사하다고 했을 일인데, '이놈의 기대감' 탓에 그 행복을 날릴 수 있는 상황까지 이르기도 한다. 물론 그런 과정에서 기대감과 타협을 하든, 자녀와 합의를 하든 간에 극단적 상황까지 연결되지는 않지만, 문제는 그 기대감이다.

사람인지라 가족은 물론 친구, 동료 등과도 그 관계가 강화될수록 대부분 기대 또한 높아지는 게 인지상정이다. 남이면 그가 무슨 일을 하든 기대도 없고 관심도 없겠지만, 내가 잘 아는 친한 누군가라면 내가 바라는 기대가 그에게 쌓이기 마련이다.

　나를 둘러싼 많은 사람들이 내가 원하는 대로 하고, 그들의 능력과 역량을 내가 원하는 방향으로 만들거나, 그들의 성격과 기질을 내가 생각하는 대로 바꿀 수 있다면야 내 기대가 무슨 문제이겠는가. 그러나 세상을 살아 보면 모든 게 내 맘 같지 않다.

　결국 내가 통제할 수 있는 것은 상대방이 아니라, 그에 대한 나의 '기대 수준'이다. 내 기대 수준을 처음 원했던 내 소박한 수준으로 유지한다면 상대방과의 관계는 돈독해지고, 최소한 악화되지는 않는다.

　그렇다고 상대방을 폄하하라는 이야기가 절대 아니다. '그러면 그렇지, 김 대리가…….', '내가 기대한 게 잘못이지.'라는 식의 생각을 상대방에게 품는다면 이는 기대감을 갖는 것보다 관계를 더 악화시킬 수 있다. 그래서 기대 수준을 낮추는 것은 상대방에 대한 존중이 뒷받침돼야 하는 것이다.

　살다 보면, 이놈의 기대감이 어느 순간 나도 모르게 솟아오르는 게 다반사다. 그래서 순간순간 이 기대를 버리는 노력이 필요하다. 가족이 옆에 함께 있는 것만으로, 직장에 다니는 것만으로, 나와 함께하는 내 절친이 있는 것만으로, 새로 도전할 게 있는 것만으로…….

"기대가 크면 실망도 크다."라는 말이 동서고금을 불문하고 나오는 이유는 우리가 인생을 살면서 그만큼 기대를 버리기가 어렵기 때문이다. 그래서 나는 "그럼에도 불구"라는 말을 자주 사용한다. 이 말을 쓰다 보면 상대방의 장점을 보면서도 그 기대감을 낮추는 게 조금 수월해지는 경험을 자주 한다.

"그럼에도 불구하고, 학교 생활을 무사히 마쳤으니까."

"그럼에도 불구, 모두 건강하게 지내고 있으니까."

"그럼에도 불구하고, 10년간 나를 지지해 줬으니까."

"그럼에도 불구, 그와 함께 프로젝트를 무사히 마칠 수 있었으니까."

"그럼에도 불구하고, 새로운 일을 시작할 기회를 줬으니까."

"그럼에도 불구, 안전하게 여행을 마쳤으니까."

실행하기는 다소 어렵지만, '그럼에도 불구하고' 상대방에 대한 기대치를 낮추게 되면 상대방의 언행이 다소 잘못됐더라도 실망을 줄일 수 있다. 오히려 기대를 버리게 되면, 상대방이 조금만 기대 이상으로 잘했을 때 상대방의 그 언행을 칭찬하게 된다.

이런 칭찬은 결국 상대방의 자존감을 높이는 한편, 상대방은 칭찬한 나를 더 높이 평가하게 된다. 평소에 그런 칭찬을 많이 들어 보지 못했기 때문이다. "누이 좋고 매부 좋고"이다. 끌림이 시작되는 것이다.

똑같은 행동에 대해 이를 칭찬하는 사람과, 그렇지 않은 사람 중에서 누구에 대해 호감을 갖겠는가? 주위에서 친구나 동료에게 인기가 좀 있는 사람을 유심히 살펴보면 대체로 이런 부류의 사람들이 적지 않다. 그렇다고 '사탕발림'성 멘트는 금물이다. 웬만하면 다 눈치를 채기 마련이다.

그렇다고 무조건 기대감을 낮추는 것이 능사는 아니다. 주위에서 기대감을 너무 낮추면, 오히려 그는 자신의 목표를 높이려거나, 상황을 개선하려는 노력을 게을리할 수도 있다. '이 정도면 되겠지.', '괜찮을 거야.', '이걸로 충분한데.' 라며 스스로를 울타리 안에 머물게 하는 족쇄로 작용할 수 있다는 말이다.

기대감을 낮춘다는 게 상대방에 대해 포기하거나 무관심하라는 게 아니다. 혹은 열정이 식는 것과도 다르다. 상대방이 더 잘할 수 있도록 하기 위한 도구로서 기대감을 낮춘다는 의미이다. '나도 저런 실수를 할 수 있고, 상대방도 나와 마찬가지이고.'라는 생각을 가져야 한다. 일종의 포용과 관용의 낮춤이다.

사실 기대감을 낮추는 것은 자신에게도 좋다. 상대방에 대한 기대감이 높으면 사실 나에겐 스트레스로 다가올 수밖에 없다. 상대방에게도 부담스러운 것은 물론이다. 기대감을 낮춘다면 상대방은 나에게 이야기하려고 하고, 나에게 더 많은 정보가 들어온다. 경청과 연결된다면, 자신을 드러내지 않는 매력쟁이로 통하게 된다.

기대감을 낮춰 보자. 때로는 기대를 버려 보자. 그리고 대화해 보자. 달라진 나와, 반기는 상대방을 발견할 수 있다.

내 스토리부터 공유하라

"저기, 혹시 성산초등학교 나오셨어요?"

"아, 네. 어떻게 아셨어요?"

"아까 연남동 이야기하셔서요. 저도 거기 나왔거든요."

"그래요? 오우! 같은 초등학교 나온 분, 근래 들어 처음 뵈어요."

우리는 누군가를 만나면 뭔가 공통점을 찾으려고 한다. 물론, 상대방과 전혀 대화를 나누고 싶지 않거나, 같이 엮이기를 원하지 않는다면야 그럴 필요가 없겠지만, 통상적으로 그렇다.

"네? 그래요? 저도요."

"어, 몇 회세요?"

"진짜요? 37회입니다."

이렇게 공통점을 확인하는 것은 기본적으로 우리의 생존 방식에서 유래한다. 나와 같은 집단인지, 아닌지를 파악함으로써 만남의 스트레스를 줄이는 동시에, 서로의 유대감을 높일 수 있기 때문이다. 서로 경험과 감정을 공유함으로써 훨씬 더 편안함을 느끼는 동시에 연대성이 높아지게 되는 것이다. 공유가 많아지면 이제 '내 편', 이른바 나와의 연대성이 강화될 수밖에 없다.

대표적 소셜미디어인 페이스북이 그 예다. 가상세계 안에서 소소한 자신의 일상에서부터 꽤나 중요한 지식과 경험까지 공유하는 것. 그 간단한 개념이 기술적으로 결합되어 아직까지도 전 세계에서 인스타그램, 틱톡, 트위터와 함께 가장 애용되는 소통 도구인 동시에 온라인 커뮤니티이다.

페이스북 안에서는 나의 스토리를 내놓고, 이를 감정적으로든 경험적으로든 다른 사람과 공유하고, 때론 희로애락을 같이하기도 한다. 페이스북 친구가 많으면 많을수록 공유 능력이 커지고, 요새는 그게 영향력 혹은 파워의 척도이기도 하다.

우리가 사는 오프라인에서도 마찬가지이다. 공유는 '나'로부터 출발해 '우리' 그리고 더 나아가 '사회'를 만든 기본 요소이다. 페이스북이라는 가상세계가 존재하듯 현실에는 공유를 통해 더 큰 세상이 존재한다.

인간이 사회생활을 통해 더불어 살면서 자신들의 생산 방식과 지식을 공유하고, 다시 이를 후세대에 전하면서 문명의 발전을 이끌어 왔다. 그 안에서 지속적인 커뮤니케이션을 통해 스트레스를 해소하고 즐거움을 공유하는 게 우리의 일상이었다. 이런 삶의 방식은 부지불식간에 우리 안에서 이뤄지고 있는데, 중요한 것은 그 공유를 통해 우리가 발전해 왔다는 점이다.

우리는 상대방을 알아 나갈 때 대부분 처음부터 자신의 가족사를 이야기하는 경우는 별로 없다. 특히 사회생활에서 만났다면 나와 내 가족 등에 관해 이야기하는 경우는 많지 않다. 다만, 내가 적당한 타이밍을 봐서 나와 가족 등 사적인 이야기를 꺼낸다면, 상대방도 특별한 사정이 없는 한 자연스럽게 자신의 이야기를 하게 된다.

그러면 그 내용을 들은 나도 다시 조금 더 속내를 이야기하고, 그 과정에서 우리는 그간 업무적인 이야기로 일관하던 관계가 조금씩 바뀌는 것을 확인할 수 있는데, 이를 커뮤니케이션에서는 '사회 침습 이론social penetration theory'이라고 한다. 바꿔 말하면 커뮤니케이션의 진행 과정에 빗대어 '양파 이론'이라고도 하는데, 서로 간에 양파 껍질을 벗기듯 처음엔 사무적인 내용에서 나중에는 친밀한 이야기까지 나아가기 때문이다.

실제로 대부분의 인간관계를 보면, 이런 양파 이론처럼 발전하는 게 다반사이다. 근데 여기에서의 포인트는 '누가 먼저' 자신의 이야기를 꺼내는가이다.

'굳이 사무적인 관계에서 내 이야기를 하는 게 주책이진 않을까?'
'내가 상사인데 굳이 개인적인 이야기를 먼저 할 필요가 있을까?'

이런 생각을 갖고 있는 한, 내가 먼저 말을 꺼내기란 여간

어렵지 않다. 동시에 나의 인간관계도 사무적 수준에서 벗어
나기가 쉽지 않다. 동료와 상사는 말 그대로 사무적인 관계
일 뿐 쉽게 나에게 다가서기가 어렵다.

내가 먼저 이야기하려면 자존감과 자신감이 있어야 한다.
단순히 수다쟁이라서 말을 많이 하는 것은 오히려 커뮤니케
이션에 도움이 되지 못한다. 내가 친구나 지인에게 내 이야
기를 먼저 꺼내는 것은 대화를 즐겁게 이끌어 갈 수 있는 소
재로 삼는 것이고, 이를 통해 상대방도 자신에 관한 이야기
를 자연스럽게 할 수 있는 길을 열어 주기 위한 마중물이다.

내가 윗사람이라서, 내가 경험이 많아서, 내가 자랑할 게
많아서 내 이야기를 먼저 꺼내는 게 아니다. 나 스스로가 마
음의 문을 열어 나 자신과 상대방을 공유하는 차원인 것이
다. 요즘 말로 치면 서로 접속되는 것이다.

업무적으로 만났지만 이를 통해 친밀도를 높이고, 서로에
대한 신뢰 자본을 쌓아 가는 게 공유의 과정이다. 그래서 이
런 과정이 양파가 껍질을 벗는 모양새와 비슷하다는 것이다.
처음에는 피상적으로 만났지만, 시간이 흐를수록 한 꺼풀 한
꺼풀 양파 껍질이 벗겨지면서 마침내는 양파의 속살 같은
'코어 밸류core value'를 공유하게 된다. 이런 상황에 이르게 되

면 직장 상사와 동료는 이제 진정한 형님, 동생 수준으로 가까워지고, 때에 따라서는 비즈니스적으로 특정 목표를 위해 더 연대하고 나아갈 수 있는 수준에 이르게 된다.

그렇다고 무조건 내 이야기를 먼저 그리고 많이 한다고 해서 친밀감의 속도가 빨라지는 게 아니다. 풍미가 있는 음식이 오랜 기간 숙성이 필요하듯 커뮤니케이션에 있어서도 절대적 시간이 필요하다. 급하면 오히려 독이 되는 상황이 올 수도 있어서다.

테니스처럼 내가 서비스를 하고 상대방이 포핸드로 볼을 리턴하고, 내가 다시 백핸드로 넘겨주듯 양방향으로 메시지가 오고 가야 한다. 일방적인 서비스는 준비 안 된 상대에게 오히려 스트레스만 줄 뿐이다.

특히 명심해야 할 것은 '나를 공유하려면' 내가 준비되어 있어야 한다는 것이다. 나의 스토리가 있어야 한다. 그 스토리는 나에 관한 것이지, 남에 관한 내용이 아니다. 내가 누군지를 먼저 들려줘야 하는데, 그런 내가 충만하지 않으면, 소리만 요란한 빈 수레와 같다면, 공유의 의미는 퇴색될 수밖에 없다. 결국 경험이든, 학식이든 간에 나의 스토리를 꾸준히 채우고 준비해야 한다.

내가 어떤 일을 하고 있고, 취미는 무엇인지, 어떤 책을 최근에 읽었는지, 기후재난에 어떤 생각을 갖고 있는지, 인생의 의미가 무엇인지 등에 대한 나의 스토리가 필요하다. 정치적으로 민감한 이야기를 빼고는, 내가 준비되어 있어야 즐겁게 이야기하고, 상대방도 자신의 문을 여는 것이다.

그래서 이렇게 공유가 준비된 사람에겐 주위에서 이른바 "같이 밥 먹자." 하는 이야기가 많이 들려오게 된다. 이런 공유는 즐거움을 자아내고, 다시 그 즐거움을 확산시키는 과정을 유발한다.

서로의 이야기를 나누는 공유. 즐거움이라는 가치가 재생산되고, 비즈니스적으로 자신의 역량을 노출시키는 긍정적인 과정이다. 내 이야기에 대한 노출이 많을수록 주위에서 그와 관련된 이야기를 더 많이 해주기 마련이다. 심지어 실직한 것도 알려라. 당신의 스펙을 아는 주위 사람이 더 좋은 직장을 소개해 줄지 누가 알겠는가. 공유와 소통의 기저에는 내 이야기부터 꺼내는 노력이 필요하다.

공평하게 주어진 귀중한 선물, 시간

지구상의 모든 것에게 동일하게 주어지는 것이 있다. 바로 시간이다. 누구에게도 예외가 없으며 공평하다.

사람에게 국한시키면, 그 흘러가는 시간 속에서 누군가는 더 많은 사람을 만나고, 더 의미 있는 일을 하고, 더 즐거운 시간을 보낸다. 아무도 그 시간을 거역하지 못하고 받아들일 수밖에 없다.

《1등의 습관Smarter Faster Better : The Secrets of Being Productive in Life and Business》의 저자인 찰스 두히그Charles Duhigg는 '생산성'의 문제에 방점을 뒀는데, 모두에게 같은 시간이 주어져도 이를 어떻게 효율적으로 쓰는지에 따라 각자가 원하는 목표를 성취하느냐가 달라지기 때문이다. 바꿔 말하면, 같은 60년을 살아도 그 주어진 시간에 하는 일이나 업무에 있어서 어떻게 생산성을 관리하느냐에 따라 어떤 이는 고작 40년의 인생을, 다른 누군가는 100년 넘는 인생을 사는 것과 같다.

시간의 중요성을 일깨워 준 광고가 한때 큰 반향을 일으킨 적이 있다. 몇 년 전 삼성생명의 광고, '당신에게 남은 시간'을 주제로 한 유튜브 영상인데, 600만 이상의 조회수를 기록할 정도로 큰 호응을 받았다. 이 광고 영상은 건강검진을 받는 여러 사람이 자신의 검진결과를 듣고, 의사와 상담하는 장면에서 시작된다.

"이런 상태라면, 9개월밖에 남지 않았습니다."

"네? 9개월요? 뭐가요?"

"좀 말씀드리기가 뭐하지만, 검사결과서를 드릴 테니 차근차근 보시고, 좀 있다가 제가 다시 설명드리겠습니다."

혼자 남은 방에서 본 검진결과서에는 자신이 미리 문진표에 기록한 건강상태 외에 하루 수면 시간, 업무 시간, TV 시청 등 개인 시간 등을 제외했을 때, "앞으로 자녀나 부모와 함께할 수 있는 시간, 9개월"이라고 적혀 있다.

한 30대 남성은 "(부모님한테 제대로 인사도 못 드린 채) 서울 와서 공부한다고 시간 다 보내고, 이제는 바쁘다는 핑계로 몇 년간 시간 허비하고."라며 그간 부모님을 찾아뵙지 못한 것을 미안해하며 눈시울을 적신다. 50대 남성은 "이렇게 가족도 못 챙기면서 살아왔나."라며 씁쓸해한다.

사실 우리가 인생을 살아가는 동안, 이런 후회는 한 번쯤 해봤을 법하다. 요즘은 99세까지 '팔팔(88)'하게 살다가 인생을 마무리한다는 '9988'이라는 말이 보편화된 세상이다. 하지만 아무리 9988을 이룬다고 하더라도 제대로 시간을 사용하지 않으면 그 의미는 퇴색할 수밖에 없다.

굳이 계산한다면, 99살까지의 총 시간은 86만 7천 시간이다. 이 중에서 잠자는 시간만 33년(하루 8시간 기준)이고, 식사 시간 8년(하루 2시간 기준), 길에서 보내는 시간 8년(하루 2시간 기준) 등 50년 가까이를 무료하게 보내는 경우가 다반사다. 물론 식사와 출퇴근 등을 어떻게 시간을 쓰느냐에 따라 그 의미가 달라지겠지만 말이다.

여기에다 태어나서 성인이 되기까지 20년 이상의 성장과 교육 기간을 고려하면 시간관리를 통해 온전히 내 것으로 쓸 시간은 채 20년이 되지 않는다. 더욱이 건강이 나빠지거나 다른 이유로 시간을 허비한다면 실제로 쓸 시간은 10년도 되기 어려울 수 있다. 그만큼 소중한 시간이기에 제대로 관리해야 하고 다뤄야 할 게 시간이다.

전무후무하게 시간관리의 달인으로 기록되는 이가 있다. 구소련의 과학자인 알렉산드르 류비셰프Aleksandr A. Lyubishev. 그는 시간계획표를 쓰기 시작한 26세부터 평생 자신이 매일 쓴 시간을 분야별로 기록하고 일별, 월별, 연별 통계까지 냈는데, 82세에 사망할 때까지 예컨대 하루 일과를 '공부 2시간, 논문 작성 1시간, 신문 읽기 1시간 30분' 등으로 모두 기록했다고 한다. 곤충학, 유전학, 철학, 역사학 등 무려 70여 권의 책과 1만 2,500여 장의 논문을 남겼다고 하며,《시간을 정복한 남자 류비셰프》라는 책이 나올 정도이니, 아마도 류비셰프보다 시간을 더 귀하게 생각하는 이는 없었을 것 같다.

우리 같은 보통 사람이야 이렇게까지 할 수는 없지만, 결국 시간을 어떻게 관리 혹은 정복하느냐에 따라 내 삶의 실질적인 시간이 짧아질 수도, 아니면 훨씬 길어질 수도 있다는 것이다. 같은 해에 태어나 비슷한 시기에 세상을 떠난 친구끼리라도 '같은 기간'을 산 것이 아니라는 이야기이다.

그러면 어떻게 해야 이 소중한 시간을 잘 사용할 수 있을까? 류비셰프처럼 시간을 정복할 수는 없지만, 주어진 시간을 효율적으로, 생산적으로 활용하기 위한 시간관리time management가 필요하다.

먼저, 계획 세우기이다. 계획이라고 해서 거창한 것이 아니라, 평소에 할 일이 생기면 그 목록을 요일이나 마감 날짜별로 수첩이나 캘린더 앱에 적어 놓는 게 중요하다. 주간, 월간 등 다소 장기적인 것이라도 마찬가지이다. 요즘은 '투두 리스트to-do list' 작성이라고 해서 누구나 알 정도인데, 중요한 것은 실천이다. 하루 이틀 해보다가 중간에 그만두면 아무런 의미가 없다.

이렇게 정해진 리스트 중에서 뭘 먼저 할지에 대한 우선순위를 필히 정해야 한다. 아무리 목록을 잘 챙겼더라도 우선순위를 제대로 판단하지 못하면 리스트 정리는 사실상 헛수고이다. 우선순위를 정하는 방법은 각자의 성격이나 일처리 방식에 따라 다르겠지만, 개인적인 경험으로 보면 크게 두 가지이다.

첫째는 '중요성'과 '긴급성'에 따른 분류이다. '중요하고 긴급한 것'은 당연히 1순위이고, 문제는 '중요하지만 덜 급한 것'과 '덜 중요하지만 급한 것' 중에서 뭘 먼저 해야 하는지이다. 각종 자기개발서에서 세세하게 설명해 놓았는데, 개인 경험으로 보면 '중요'이든 '긴급'이든 관계없이 마감 날짜가 빠른 것을 먼저 처리해 나가면 큰 문제가 발생하지 않는다.

둘째는 '해야 할 일'과 '하고 싶은 일'의 문제이다. 두 개가 일치한다면야 최고이지만, 대부분 충돌하게 되는데, 이때의 우선순위는 각자 처한 상황에 따라 다를 수 있다. 미래에 대한 투자가 필요한 시기나 위치에 있다면 공부나 저축처럼 해야 할 일에 중점을 둬야 하고, 인생에 있어 투자의 시기를 넘어섰다면 아무래도 하고 싶은 일을 하는 게 행복한 인생을 이끄는 조건이다. 하지만 투자가 필요한 시기에 하고 싶은 일을 많이 했다면, 하고 싶은 일을 할 시기에는 생계를 위해 해야 할 일만 하는 '슬픈 경험'을 할 수도 있으니 때를 잘 맞춰야 한다.

계획 세우기와 우선순위가 정해지고 나면, 가장 중요한 것은 실행이다. 하지만 그 실행이 어려워서 시간관리라는 말이

나올 정도인지라, 아침에 혹은 월초에 계획한 것을 실천하는 게 결코 쉽지만은 않다. 결국은 실천 의지인데, 내 경험으로 보면 자투리 시간을 어떻게 관리하느냐가 하려는 일을 지속적으로 밀고 나가는 핵심 요인이다.

해야 할 일을 정했다면, 스포츠 브랜드 나이키의 광고 문구대로 망설이지 말고 '그냥 해Just do it!'로 밀고 나가는 게 최고이다. 어떤 행동습관을 바꾸는 데 있어 "오늘까지만." 또는 "내일부터."라고 하다 보면 평생 그렇게 끌려갈 수밖에 없다. 시간은 기다려 주지 않는다. 시간관리에는 단연코 실천 의지가 제일 중요하다.

운동선수들 사이에서 자주 회자되는 말 중 하나가 "지는 사람은 핑계를 대고, 이기는 사람은 방법을 찾는다."이다. 해야 할 일을 하는 데 있어서도 마찬가지다. 이유 불문하고 '일단' 시작해서 '이단' 밀고 나가는 게 제일 중요하다. 오늘은 비가 온다고 안 하고, 내일은 덥다고 안 하고, 내일모레는 피곤하다고 안 하고, 이러다 보면 시간관리는 엉망이 되고, 또 다른 일을 할 때에도 그런 자신을 지속적으로 발견할 수밖에 없다.

아들 손흥민을 세계적인 축구 스타로 만든 아버지 손웅정

씨는 손흥민은 온전히 엄청난 연습을 통해 탄생한 선수라고 강조하는데, 거기에는 비가 오나 눈이 오나, 일요일이든 공휴일이든 하루도 빠짐없이 시간관리를 통해 지독하게 연습시키고 연습한 그 아버지와 그 아들의 실천 의지가 있었다. 하고 싶은 일보다는 해야 할 일에 완벽했던 것이다.

한국농수산식품유통공사 사장을 역임한 김춘진 전 국회의원도 시간관리에 둘째가라면 서러워할 인물이다. 워낙 열정적으로 일하기로도 유명한데, 국회의원 재임 시절과 최근 'K-푸드' 비즈니스를 위해 전 세계 여러 국가를 출장 가는 경우가 많았다. 그에게 들은 일화 하나. 돈도 아끼면서 시간을 효율적으로 쓸 수 있는 방법이라며 소개한 것은 바로 '야간비행'이다.

그가 들려준 일화는 이렇다. 일본으로 출발해, 미국 LA와 텍사스를 들러 남미 브라질을 방문하는 일정이 있었다고 한다. 한국에서 아침 비행기를 타고 일본 도쿄에 오전에 도착해 오전 미팅과 박람회 참관 등 오후 일정을 챙긴다. 그리고 다시 밤 비행기를 타고 LA로 날아가 아침 8시경 현지에서 조찬모임을 하고 다음 일정을 소화한다. 이후 다시 저녁 비행기를 타고 텍사스에 도착해 조찬모임이나 행사에 참석하고 다시 남미 브라질로 날아가는 방식이다.

"야간비행을 하게 되면 시간과 비용을 효율적으로 쓸 수 있어요. 한 번 출장 가는 길에 많은 일정을 소화할 수 있어서 보통 좋은 게 아니지! (웃음)"

70세를 넘긴 나이에, 핸드폰에 2만 3천 명의 연락처를 갖고, 빼곡히 일정을 관리하는 그를 커피숍에서 보면서, 오랜 기간 촘촘하게 시간관리를 해온 습관이 눈으로 보일 정도이다. 시간관리로만 치면 이미 100세를 훌쩍 넘긴 느낌이다.

결국, 나이로 남들보다 오래 사는 것도 중요한 목표일 수 있지만, 시간을 제대로 관리해서 쓰는 것 또한 오래 사는 것만큼 중요하다. 100세를 살았더라도 효율적인 시간관리로 자신이 원하는 목표를 성취하지 못했다면 무슨 의미가 있겠는가.

시간은 인생에서 누구에게나 주어진 공평하고 귀중한 선물이다. 어제를 후회할 게 아니다. 오늘 또다시 아침이 되면 모두에게 '하루'라는 특별한 선물이 쿠팡이나 마켓컬리의 아침 택배처럼 배달된다. 매일 후회만 할지, 매일 실천할지는 내가 결정할 일이다.

　멋지게 살다가 생을 마감한 노인 한 사람의 죽음은 도서관 하나가 불타는 것과 같다고 한다. 그런 인생이 나의 것이어야 하지 않겠는가.

여유가 '보여야' 사람이 모인다

"팀장님, 보고드릴 게 있는데, 잠깐 말씀 좀 드릴 수 있을까요?"

"아, 잠깐만요. 지금 좀. 바로 손님이 오기로 해서."

"요즘 어떻게 지내세요?"

"여유가 없네요. 서류 작성에, 미팅에, 보고에⋯⋯."

사회생활을 하다 보면 이런 경우를 종종 맞닥뜨릴 때가 있다. 바쁘다고 말하는 사람이 나 자신일 수도 있고, 내가 뭔가를 의논해야 할 동료나 상사일 수도 있다. 어찌 보면 요즘처럼 온오프라인으로 빨리 돌아가는 세상에서 안 바쁜 게 이상할 정도이기도 하다.

실제로 바쁘기 때문에 바빠 보일 수도 있지만, 안 바빠 보이면 뭔가 일이 없는 사람처럼 비쳐질 수도 있어 바쁘게 행동하는 경우도 있다. 어쨌든 "바쁘다, 바빠!"를 하루 서너 번 정도는 외쳐 줘야 '일 좀 하는구나.'라는 인상을 심어 줄 수 있다.

영국 BBC 연구 등에 따르면 사람들의 80%는 자신이 매우 바쁘다고 생각하고, 이들은 이로 인해 스트레스를 받는다고 한다. 물론 이들 중 일부는 실제로 업무량 자체가 한 사람이 감당하기 어려울 정도일 수도 있지만, 이 연구에서 주목하는 것은 '실제로 그렇지 않은 경우가 많다'는 것이다.

그런데 문제는 내가 실제로 바쁘거나, 아니면 바쁘게 보이든지 간에, 상대방에게 나 자신이 그렇게 틀 지어진다면 주위 사람들은 나에게 다가서기 어려울 가능성이 커질 수밖에 없다는 것이다.

"팀장님이 너무 바쁘신 것 같아서, 제가 말씀드리기가 눈치 보여서요."

"지난번부터 두세 번 연락드렸는데, 답이 없으시더라고요. 그래서 아직 여쭤보지도 못했습니다."

상대방이 나에 대해 이런 경험을 많이 하면 할수록, 상대방은 스스로 '자기검열'을 통해 나에게 접근하려는 시도나 노력을 줄이게 된다. 마치 어렸을 때 부모님이나 선생님에게 뭔가를 의논하려고 "시간 좀 되세요?"라고 물었을 때, "나중에 이야기하자!"라고 잘라 말해 버리면 감수성이 예민한 아이는 마음의 문을 닫는 것과 마찬가지이다.

때로는 윗사람이나 동료에게 바쁜 것처럼 보이는 게 좋거나, 아니면 나 스스로가 바쁜 것처럼 느껴야 위안을 얻기에 그리할 수도 있다. 특히, 스스로 바쁘게 많은 일을 한 것처럼 느끼고 "내가 오늘도 고생했구나.", "그래, 하루 열심히 보냈어."라며 자기 자신에게 위안을 줄 수도 있다. 그러나 그런 스스로의 위안도 좋지만, 대인관계에 있어 이것은 오히려 커뮤니케이션 문제를 발생시킬 소지가 크다. 조금은 여유가 있거나, 여유가 있어 보여야 상대방이 나에게 노크할 수가 있는데, 나의 바쁨으로 인해 상대방이 내게 다가올 기회를 줄이게 될 공산이 크다.

실제로 여유가 없다는 건 나 자신에게 일종의 족쇄를 채우는 일과 같다. 여유가 없으면 매사에 조급해질 수밖에 없다. 의사결정을 할 때도 미시적으로 혹은 거시적으로 두루 보면서 선택할 가능성이 줄어든다. 급하다 보니 실수하거나 일을 그르칠 가능성이 커진다.

물론, 여유라는 게 내가 마음대로 가지고 싶다고 해서 쉽게 생기는 것은 아니다. 나 자신의 기질적인 특성도 있고, 내가 그간 살아온 경험칙상 일을 처리하는 방식이 다를 수 있고, 때로는 시간관리를 하기 어려워서 그럴 수도 있다.

그렇다면 여유란 무엇일까? 여기서 말하는 여유란 아무 일을 하지 말고 놀라는 것이 아니다. 게으름을 피우라는 의미는 더욱 아니다. 여유라는 것은, 그간 하던 일로부터 조금 떨어져서 자신과 그 업무를 관찰하거나 때로는 학습할 시간을 갖는 것이다. 하루하루 닥치는 일에 매몰되기보다는 앞으로 조금 멀리 보고 계획하라는 의미가 담겨 있다.

〈상황 A〉

"요즘 어떻게 지내세요? 많이 바쁘시죠?"

"아, 안녕하세요? 특별히 바쁜 건 없고. 저는 뭐 그냥 비슷하게 지냅니다."

⟨상황 B⟩
"요즘 어떻게 지내세요? 많이 바쁘시죠?"
"아, 왜 이리 바쁜지 모르겠네요. 되는 건 없는데."

사실 상대방과 어느 정도 친한지, 업무적 관계인지 등에 따라 ⟨상황 A⟩와 ⟨상황 B⟩의 느낌이 다를 수 있겠으나, 전반적으로 커뮤니케이션 측면에서 보면 ⟨상황 A⟩가 상대방에게 편안한 느낌을 주고, 대화를 이어 가기가 수월하다.

⟨상황 A⟩라면 대화 상대방은 "그러면 언제 식사나 하실까요?", "하나 여쭤볼 게 있는데요.", "잠깐 차나 한잔 할까요?"라며 본론으로 대화를 열어 갈 수 있게 된다.

하지만 ⟨상황 B⟩라면 조금 다르다. 상대방 입장에서 보면 근황을 물었는데 많이 바쁘다고 하니, 더 이상 대화를 진전시키기가 조금 망설여진다. 물론 바쁘다고 한 사람의 경우에는 의례적으로 혹은 겸손의 표현으로 그리 말했을 수도 있지만 말이다.

살아가면서 바쁜 것을 인정하되, 여유는 자신과 상대방을

234

위해 스스로 챙겨야 한다. 사실 매일매일 해야 할 일의 양이나 크기는 사람마다 객관적으로 다를 수 있지만, 바쁘다고 느끼는 정도는 매우 주관적이다.

어쩌면 바쁨은 일종의 현대 사회, 특히 압축성장을 이어 온 한국 사회의 특징이 되어 버린 것일 수도 있다. 그런 사회에서 오히려 안 바쁘다고 느끼면 '혹시 내가 좀 문제가 있나? 다른 사람들은 이렇게 바삐 사는데?'라고 자문할 수도 있다. 오죽했으면 한국 사람들을 대변하는 말로 "빨리, 빨리"를 외국인들이 꼽을까.

여유를 우리의 '우군'으로 만들어야 한다. 이를 위해서는 '마음'의 여유와 '시간'의 여유가 필수적이다. 마음의 여유는 주관적으로 관리해야 하지만, 시간의 여유는 객관적으로 다뤄야 한다.

공직 생활 시절에 업무평가 등을 이유로 직원들을 관찰해 보면 여유의 차이가 생각보다 쉽게 드러난다. 어떤 직원은 매번 바쁜 것처럼 오고 가면서 분주하고, 사무실에서도 시끌벅적하다. 하지만 막상 결과물을 놓고 보면 실망감이 들 때가 꽤 있다. 반면 매번 들여다볼 수는 없지만, 업무를 일정대로 처리하고 묵묵히 보고하는 직원은 사실 그렇게 요란하게 일하지 않는다.

여유가 있는 사람들은 대부분 실제로 시간이 많아서라기 보다는 그만큼 자기관리에 철저하기 때문에 여유가 있는 것 이다. 특히, 바쁘다고 하지 않으려면, 바쁘지 않다고 생각하 는 태도도 중요하다. 마음의 느긋함을 찾아야 한다.

여유는 누가 주는 것이 아니라 내가 만드는 것이다. 바쁘다 고 생각하는 최면에서 벗어나는 게 필요하다. 일할 게 많은 게 현실이지만, 바쁜 하루하루 생활 속에서 나만의 여유를 만들어 보자.

"저 사람, 참 여유가 있어 보여."

그런 여유가 쌓이면 쌓일수록 표정과 몸짓에도 발현된다. 그렇기에 남들은 그 사람에게서 배어나는 그 여유에 반하고, 매력을 느낀다.

뭐 도와드릴 게 있을까요?

살면서 남한테 폐를 안 끼치고 사는 게 쉽지 않다. 거꾸로 상대방도 나에게 도움을 요청하지 않고 살아가기도 어렵다. 물질적인 것이 아니라도 서로가 의지하고 사는 게 인생사라서 나만 잘났다고 혼자 살아갈 순 없다.

물론, 그렇게 누구도 의지하지 않고 살 수만 있으면야 불편한 말을 다른 사람에게 고민 고민하다가 꺼내야 하는 수고도 덜 수 있을 것이다. 반대로 다른 사람의 부탁을 들어줘야 하는 수고도 같이 덜 수 있다. 이렇게 누군가를 도와주고, 다시 도움을 받고 하는 것을 수고스럽게 생각하면 스트레스일 수밖에 없다.

하지만 반대로 생각해 보면 다른 사람이 어려움에 처했을 때, 혹은 뭔가 꼭 필요할 때 도와주는 것은 어찌 보면 자연스러운 일이다. 우리 인간의 역사뿐만 아니라 자연 세계에서도 공생관계 속에서 발전을 거듭해 왔다. 우리 모두 어렸을 적을 되돌아봐도 그렇다. 부모, 가족, 친구, 선후배, 지인 등으로부터 많은 도움을 받고 살아왔다. 세상에 태어난 뒤, 대부분 기억이 나지 않는 영유아기를 비롯해 부모님 손에 자라 주위의 도움으로 성인이 되었다. 100세 인생으로 치면 절반 수준에 와 있는 지금까지도 많은 도움을 주위에서 받는 게 사실이다.

물론 그 도움이라는 게 너무나 다양하다. 어렸을 적엔 길거리에서 길을 몰라 지나가는 사람에게 물어보는 도움부터, 학교 때 요점 정리를 잘하는 친구로부터 노트를 빌려 쓰기도 했고, 직장 상사로부터 인생의 보물 같은 귀한 조언을 들은 것 등 다양한 도움들이다.

"내가 너한테 그때 노트를 다 보여 줬다고? (웃음)"
"헐, 제가요? 제가 그걸 그때 다 했다고요?"

때로는 도움을 준 상대방은 그게 도움이라고 못 느꼈을 수도 있고, 어떤 경우에는 자신이 그런 일을 한 것조차도 기억하지 못하는 경우가 있다. 물론, 평생 잊지 못할 큰 도움도 있을 것이다. 경제적으로 어려움에 처한 친구에게 동창이 십시일반으로 큰돈을 만들어 준 경우도 있고, 교통사고로 인해 크게 다친 직장 동료를 위해 헌혈할 때도 있다.

어쨌든 가족이든 친구이든 상대방이 잘될 수 있도록 마음에서 우러나서 적극적으로 도우려 하는 행동이 그 출발점이다. 도움에 특별한 목적을 갖기보다는, 크게 나를 희생하지 않는 것이라면 누굴 돕는다는 것은 그 자체로서 높이 평가될 수 있는 일이다.

가끔 뉴스에 보면, 크리스마스나 연말연시에 보육시설이나 양로원 등에 이름 모르게 큰 금액을 기부하는 분들이 있다. 그런 뉴스를 볼 때마다 '나는 아직 멀었구나.' 하는 생각이 매번 들기도 한다. 그래서 공직 생활 시절에 외부 강의료의 30%를 외부 단체에 기부한 적이 있는데, 범접하기 힘든 기부왕들의 '뿌듯함'을 그때 아주 조금 느끼지 않았나 생각한다.

물론 이처럼 금전적으로, 물질적으로 나누는 방법이 가장 '약효'가 빠르고, 상대방으로부터 인정받기가 쉬울 수 있다. 하지만 나의 짧은 인생 경험으로 보면, 이런 도움에 매몰될 필요는 없고, 꼭 그렇지만도 않다. 물질 이외에 다른 방법으로도 자신도 뿌듯하고, 상대방의 인생에도 도움을 줄 수 있는 일이 적지 않다. 그중 하나가 '근황 혹은 도움' 인사말이다.

"요즘은 어떻게 지내세요?"
"내가 혹시 뭐 도와줄 거 있어?"
"제가 뭐 도움이 될 만한 게 있을까요?"

진정성 없이 상대방을 현혹시키는 말이 아니라면, 이런 말들은 같이 인생을 살아가는 우리 스스로에게 큰 위안이 된다. 한 지인이 몇 년 전에 내게 이런 말을 한 적이 있는데, 나는 그 이후 이분을 새로운 느낌으로 바라보게 됐다. 평소 약간 무뚝뚝한 면이 있었는데, 내면적으로 굉장히 따뜻한 분임을 그때 비로소 알았다.

그래서 나도 요즘은 용기를 내서, 이런 말이 필요해 보이는 상대방에게 물어보곤 한다. 내가 그 지인에게서 느꼈던 신선함을 상대방도 느꼈는지는 알 수 없으나, 내 기분이 좋아지는 것은 확실하다.

그렇다면 남을 돕는 행위가 도움을 받는 사람은 물론, 도움을 주거나 주려는 사람에게도 뭔가 도움이 되는 걸까? 결론부터 말하면 남에게 행한 선한 행동은 도움을 받는 사람보다 그 행동을 한 나에게 훨씬 더 많은 기쁨과 행복을 가져다주기도 한다.

미국 매사추세츠 의대University of Massachusetts Medical School는 중추신경계 이상으로 몸이 불편한 환자 그룹을 모아, 이들이 서로의 고통을 잘 이해하는 만큼, A 환자 그룹이 B 환자 그룹에게 매달 위로의 전화를 하도록 한 이후 이들 환자 상태를 연구진이 추적 관찰하도록 했다. 당시 의대 연구진은 '놀라운 변화'를 경험했다고 하는데, 그 이유는 당초 연구진은 위로받는 B 환자 그룹의 건강과 삶의 질이 어느 정도 좋아질지가 연구의 관심이었는데, 이 연구 의도와는 달리, 위로 전화를 해준 A 환자 그룹의 삶의 질이 위로받는 B 환자 그룹에 비해 서너 배 이상 극적으로 좋아진 '의도치 않은' 결과를 확인했던 것이다.

이들 연구진은 연구 대상이 환자였던 점을 감안하여 다시 2천 명가량의 건강한 일반 성인을 대상으로 같은 연구를 실시한 결과, 여기서도 역시 도움을 준 사람들이 그렇지 않은 사람들에 비해 훨씬 더 우울감이 적고, 행복감을 느끼는 것을 확인했다. 남을 돕는 이타적 행동이 자기 자신의 행복을 돕는 이기적(?) 결과로 귀결된 것이다.

이런 연구 결과의 과학적 뒷받침 역시 흥미롭다. 미국 국립과학원National Academy of Science은 남을 돕는 사람들이 그 행위를 결정할 때의 뇌에 MRI 스캔을 실시한 결과, 우리에게 특정 행위에 대한 보상으로 기쁨을 느끼게 하는 옥시토신 분비가 촉진되는 것으로 나타났다. 가끔 언론 인터뷰를 보면 오랜 기간 선한 행동을 한 공로를 인정받아 상을 받는 분들의 밝은 표정이 괜한 게 아니라는 것이 실제적으로 증명된 셈이다.

연구에서 말하는 '돕는 행위'는 어려움에 처한 사람에게 위로의 말을 건네거나, 내가 잘하는 것을 상대방에게 공유하는 것까지를 모두 포함하는 것으로, 의지만 있다면 우리 모두가 자신의 장점을 살려 실행할 수 있는 게 대부분이다.

얼마 전 지인의 소개로 공직 생활 30여 년 마감을 2개월여

앞둔 분을 만난 적이 있다. 2개월 후부터는 6개월 공로연수를 끝으로 민간인 신분으로 돌아간다고 했다. 오랜 기간 한 길을 걸어온 자신의 경험과 소회를 주욱 이야기하셨는데, 첫 만남임에도 불구, 앞으로 어떻게 살 것인지에 대해서 고민을 털어놓기 시작했다.

"부인은 그냥 집에서 쉬라고 하고, 뭘 벌써부터 걱정하느냐고 하는데……."

말끝을 흐리시는 게 '고민이 적지 않구나.' 싶어서, 처음 뵙는 분이지만 말을 꺼냈다.

"제가 혹시 무슨 도움이라도 될 만한 것이 있을까요?"

이분은 고맙다는 표정을 지은 채 말을 이어 갔다. 자신의 고민거리를 이야기하였고, 나는 내용을 알아보고 답을 준다고 하였다. 내가 조금 수고해야 할 일이 생기긴 했지만, 정년을 앞둔 분의 고민을 들어 줬다는 것만으로도 이분이 위안을 받지 않았을까 하는 생각도 들었다. 나중에 잘 해결돼서 고마움을 표시하면 좋은 일이고, 그렇지 않더라도 그냥 그분이 잘되면 좋은 일이지 않을까.

그런데 이런 고민도 있을 수 있다. 생각해 보면 내가 마땅히 도움을 줄 것도 없는데 '괜히 도움을 주겠다고 빈말을 하는 것이 아닌가?'라고 걱정할 수도 있다. 하지만 앞서 연구에서 확인했듯, 도움이 생각하는 것처럼 큰 게 아니다. 나의 수준에서 내 마음을 전하고, 혹시라도 상대방이 필요로 하는 것을 해주는 정도이다. 때로는 질문만으로도 상대방은 고맙다고 하는 경우도 적지 않다.

나의 업무, 나의 취미, 나의 생각, 나의 경험 모두가 다른 사람에게 조금이라도 도움이 될 수 있다. 컴퓨터에 능숙하다거나, 테니스를 잘 친다거나, 상사와 불화로 상처받은 경험이 있거나. 이런 일들 모두가 서로 의견을 주고받으면 좋은 대화의 소재도 되고, 동시에 좋은 정보가 될 수도 있다. 심지어 최신 앱을 알려 주거나, 넷플릭스에 나온 좋은 콘텐츠를 알려 주는 것도 큰 도움이다.

"어, 그거요? 제가 알려 드릴게요!"
"제가 거기 가 봤어요. 제가 예약하는 데 알려 드릴까요?"
"내 친구가 거기로 유학 갔다 왔어. 필요하면 소개시켜 줄게."

물론 뭔가를 꼭 바라고 하는 일이 아니다. 자연스럽게 마음에서 우러나서 오늘 나랑 같이 시간을 보낸 누군가에게 편하게 알려 주면 된다. 상대방도 그 진정성을 느끼지 않겠는가.

"내가 뭐 도와드릴 게 있을까요?"

누군가 필요해 보이는 사람에게 이 말을 던져 보라. 매력 발산은 어렵지 않다. 연구에 나온 대로 우선 내 기분부터 좋아질 것이 분명하다.

✳ 거절의 미학

'거절하면 나를 쩨쩨한 사람으로 여기지는 않을까?'
'그냥 해주지, 뭐. 괜히 까칠한 사람으로 보일 필요는 없으니.'

우리는 살면서 얼마나 잘 거절할 수 있을까?

남의 부탁을 거절하기란 쉽지 않다. 내 직장 상사라서, 친한 친구라서, 전에 나를 도와준 지인이라서, 내가 좋아하는 사람이라서. 거절하지 못하는 데는 그 이유가 충분히 있다.

근데 문제는 제대로 거절할 줄을 모르면, 인생 전체에서 더 큰 화를 입는 경우가 적지 않다는 것이다. 차근차근 쌓아 온 인생 전체의 행로가 바뀔 정도로 큰 금전적 손해를 볼 수도 있다. 평생 친구와 결별하는 것은 물론, 원수보다 더한 사이로 끝나는 경우도 있다. 거절하기 쉬우면 어디 이런 일이 일어나겠느냐마는, 거절 자체가 쉽지 않다.

거절이 얼마나 어려운지를 보여 주는 실험이 있다. 캐나다 워털루대학교University of Waterloo의 연구에 따르면, 처음 보는 사람이 학생들을 대상으로 이른바 '나쁜 짓'을 하라고 해도 이를 거절하지 못하는 경우가 적지 않았다.

실험에서는 도서관에서 책에 낙서해 달라고 연구진이 학생에게 부탁했는데, 일반적인 상식으로 보면 해서는 안 될 일이라는 게 명백한 만큼, 거의 대부분이 이를 거절할 것으로 여겼다. 하지만 이를 요구받는 학생의 절반 정도가 "도서관 책이라 이러면 안 되는데." 혹은 "나중에 문제가 생길 텐데."라고 난처해하면서 책에 낙서를 했다는 것이다.

이 실험의 요지는, 우리 인간은 꼭 권력을 가진 사람이 시키지 않더라도, 타인의 기대에 부응하려는 니즈, 까칠하지 말아야 한다는 사회적 규범 등이 종합적으로 반영돼, 일단 그 상황에서 요구 사항을 받아들이게 된다는 것이다.

바꿔 말하면, 거절 자체가 그만큼 어렵다는 것으로, '나는 왜 거절하지 못할까?'라고 생각하면서 자책할 필요가 없다는 것이다. 책에 낙서하는 정도여서 다행이지, 그것이 낙서가 아닌 더 큰 손실의 시발점이었다면 엄청난 인생의 암초로 다가올 가능성도 있는 셈이다.

문제는 현실에서 여러 가지로 부탁을 받을 상황이 생긴다는 점이다. 특히 40대가 넘어가면서 직장 내에서는 간부급으로 자리가 매겨지고, 동시에 외부적으로도 만나는 사람이 내 의지와 관계없이 크게 늘어나는 게 현실이다. 특히, 자신의 직장 업무 특성상 혹은 개인적 성향으로 인해 많은 사람을 만나야 할 경우에는 일종의 부작용(?)으로 부탁을 많이 받게 되고, 거절의 어려움에 봉착하게 된다. 특히 자신이 사회적으로 영향력이 있는 직업군에 속한다면 더 말할 나위가 없다.

그러나 수많은 민원 부탁을 들어줄 시간도 없고, 그럴 능력도 안 되는 경우가 적지 않다. 매일 처리해야 할 일들이 산적해 있는 데다 내 일을 처리하기도 바쁜 경우가 대다수이다. 여기서 고민과 의문이 생긴다.

'저분은 참으로 많은 부탁을 받는데 어떻게 저렇게 슬기롭게 처리할까?'

내가 아는 선배 교수는 지인들로부터 병원 입원 문제로 많은 민원 연락을 받는다. 한번은 저녁 식사 중에도 여러 차례 통화와 문자를 통해 누군가의 민원을 들어주기도 하고, 반대로 여러 이유를 들어 거절하는 경우도 있었다.

민원을 해결해 주는 것이야 수고는 들겠지만, 문제가 해결된 만큼 문젯거리가 더 이상 아니지만, 그 반대인 거절이 문제다. 상대방도 부탁했을 때는 고민하다가 요청을 한 것이라서 자칫 잘못 거절하면 상처를 받을 수도 있다. 생각과 달리, 그간 쌓아 온 좋은 관계가 한순간에 악화될 가능성도 배제할 수 없다.

그러면 상대방에게 상처를 안 주고, 혹은 기분이 상하지 않게 거절할 수는 없을까? 거절을 안 하는 게 상책이지만, 거절 안 할 인생은 없다.

핵심은 '요구'가 거절되는 것이지 '당신'이 거절되는 것이 아니라는 점이 명확히 전달돼야 한다는 것이다.

제일 중요한 것은 단박에 거절하지 않기이다.

"아, 그건 안 돼요."

"아니요."

"어려운데요."

앞서 이야기한 '생각하고 말하라'는 것의 연장선인데, 퀴즈 답변을 하듯 툭 던져서 거절하면 상대방의 실망감은 클 수밖에 없다. 어떤 민원을 이야기했든지 간에 아주 이상한 사람이 아니라면 부탁을 하기 전에 고민도 하고, 망설이기도 했을 것이다. 그런 사람에게 생각해 보는 시늉도 하지 않고 거절하는 것은 면박을 주는 것과 같다. 전혀 '고급진' 행동이 아니다.

따라서 답변하는 데 있어서 실제로도 그렇지만, 형식적으로라도 시간이 필요하다. 내 경험상으로 보면 '하루 이틀 후 답변'을 추천한다. 하루하루 빡빡한 스케줄 때문에 어떤 일은 성사 여부와 관계없이 바로 알아봐 주기도 어렵거니와, 상대방에게 그 문제에 대해 고민했다는 여지를 남겨 둔다는 점에서도 그렇다.

물론, 아주 사소한 부탁이야 바로 답변이 가능하겠지만, 그렇지 않은 때에는 캘린더 앱이나 메모장에 기록해 놓았다가 하루 이틀 후 답변을 해주면 까먹지도 않고, 편한 시간에 답을 해줄 수 있다.

다른 하나는 부탁한 사람을 절대 몰아세우면 안 된다는 것이다.

"이건 맞지 않고, 저건 잘못됐고……."

도와주기 위해서 다른 방법을 고민해 보거나 대안을 제시해 주는 것은 감사할 일이지만, 민원 내용을 파악하기 위해 마치 취조하듯 묻고서 조목조목 따지는 것은 오히려 상대방을 공황 상태로 몰아넣을 수 있다. "이런 부탁을 저한테 왜 했어요?"라고 반문하는 것과 같다.

때로는 이야기를 충분히 들어 주는 것만으로도 상대방은 위안을 받고, 어떤 경우에는 서로 이야기하는 과정에서 해법이 나오는 경우도 있는 만큼, 민원인이 누구이든지 간에 그리 몰아세울 일은 절대 아니다. 친구라면 정이 뚝 떨어질 이유이다. 안 되는 이유를 상세히 설명해 주고, 혹시라도 가능한 대안을 찾아 주는 게 상책이다.

또 하나 중요한 것은 민원인에 대한 응답의 태도이다. 뭔가를 거절하는 데 있어서 거절하는 당사자의 마음도 편할 리가 없는 탓에 그 불편한 기색이 목소리와 표정에 들어갈 가능성이 크다.

"어렵게 됐습니다."
"이거 쉽지 않은데요."
"상황이 옛날 같지가 않다고 하네요."

안타까운 목소리로 답변하면 그만이지만, 혹시라도 목소리나 얼굴표정에 껄끄러운 게 녹아들어 있다면 뭔가를 알아봐 주고도 밑진 장사를 하는 것과 마찬가지다.

오히려 쿨하게 거절하는 게 상대방에게 불편함을 덜 줄 수 있다. 밝은 표정으로, 목소리를 한 톤 높여서 이야기해도 좋다. 같은 말을 하면서 밉상인 사람이 있는가 하면, 이해가 되는 사람이 있다. 응답 내용보다도 표정, 제스처, 목소리 등 형식이 관건이라서 그렇다. 잘못 거절하여 서로 소원해지면 소중한 관계가 끊어지기 십상이다.

거절을 적절하게 하는 것은 인간관계를 이어 가는 데 있어서 중요한 테크닉이다. 금전 문제부터 자녀 교육, 취업 청탁,

기업 인사, 인물 추천 등 다양한 인생 이슈가 거절과 관련이 있다.

그래서 발상의 전환이 필요하다. 귀찮게 생각하면 상대방 부탁을 거절하는 게 불편하고 힘들다. 그러나 상대방이 나에게 뭔가를 요청한다는 것은 그만큼 고민 끝에 나를 선택했다는 뜻이기도 하다. 인생에서 나에게 의지할 사람이 없다는 게 오히려 슬픈 일일 수도 있다. 그러니 기분 좋게 생각하라. 상대방이 어려운 때에 있는 만큼, 거절의 미학을 통해 쿨한 나의 매력을 보여 주는 것도 인생의 아름다움을 더하는 비법이다.

정답은 하나가 아니다

"아이쿠, 다투지들 마세요! 들어 보니, 모두 다 맞는 말씀이
네요."

과거에 이런 말을 하는 사람을 보면, '이분, 참 줏대 없는
분이시네.'라고 생각하는 경우가 많았다. 근데 요새 들어서는
저렇게 말하는 나를 종종 발견하곤 한다. 줏대 없다고 생각
했는데 이제 내가 중년이라서 그런 사람이 된 걸까.

사람마다 다양하게 자기 생각과 논리가 있기 때문에 한쪽
편에서 자기주장을 펴는 것은 어찌 보면 당연할 수 있다. 하
지만 인간관계에 있어서는 조금 다르다. 그 논리의 옳고 그

름을 떠나, 굳이 한쪽 주장에 몰입될 필요가 없는 경우가 대부분이다.

실제로 사회생활을 하다 보면, 가장 많이 느끼는 점 중에 하나는 올바른 정답이 하나로 존재하지 않는다는 것이다. 찬반양론으로 갈라져서 원수처럼 싸우는 이슈더라도 대부분 양쪽 주장에는 맞는 부분과 틀린 부분이 공존하는 게 현실이다.

과거 우리나라에서 격렬하게 논란이 되었던 영남권 신공항 건설, 사드고고도 미사일 방어체계 배치, 방사능 폐기장 부지 선정에서부터 최근에는 이스라엘과 하마스의 전쟁, 의과대학 정원 증원 문제까지, 대부분 자세히 들여다보면 찬반 양측의 입장과 논리가 확연히 다르다. 문제는 이런 다름의 문제에 대해 양측에서는 대부분이 '맞다'와 '틀리다' 혹은 '좋다'와 '나쁘다'로 나눠서 사생결단으로 대결 양상으로 치닫는 경우가 많다는 것이다.

역사적으로 보더라도 사실 대개 사회적 이슈들은 정답이 하나로 존재하지 않는 경우가 대부분이다. 때문에 엄청나게 사실관계가 틀리지 않는다면, 굳이 한쪽으로 매몰될 이유가 없다. 또한 오히려 자신을 한쪽으로 몰게 되면 절반 가까운 반대편 사람들과의 관계는 소원해질 수밖에 없고, 심한 경우에는 적으로 남는다.

물론, 우유부단하라는 게 절대 아니다. 좋은 게 좋은 거라면서 그냥 '원만한 관계'를 위해 얼렁뚱땅 잘못된 것을 그냥넘어갈 이유는 없다. 어떤 분은 "그렇게 살면 뭐 하는데?"라고 반문할 수도 있겠지만, 오직 인간관계를 위해 우유부단하게 행동하라는 뜻이 아니다. 관점의 차이를 인정하는 게 중요하다.

특히, 정치 이슈 같은 민감한 문제는 사실 서로 신념과 성향에 따라 접근 방식이 확연히 다르기 때문에 친구나 지인 간에 찬반을 다툴 이유가 없다. 그냥 서로의 입장을 존중 혹은 이해하면 되는 일이다. 우스갯소리를 하면서 즐겁게 보낼 시간도 부족한데 굳이 서로에게 상처를 줄 이야기는 하지 말라는 뜻이다.

실제로 저런 이슈에 대해 찬반으로 나눠 다투게 되면, 서로의 입장을 확인한 이상, 서로가 물러설 이유가 없다. 분위기는 가라앉고 어정쩡해지는 경우가 많다. '나는 뭐 분위기든 뭐든 관계없다. 내 소신이다.'라고 생각한다면 민감하게 대립

하는 상황을 맞이할 수밖에 없다. 하지만 관계를 중시하는 입장에서는 "네 말도 맞고, 내 말도 맞아."라고 정리를 하든지, "네 말이 맞다."라며 뒤로 물러서서 대화를 이어 가는 게 상책이다.

비판 혹은 비난에 능숙한 분들은 "이것도 틀렸고, 저것도 틀렸다."라고 할 테지만, 싸울 바가 아니고서야 굳이 부정적 관점만 제시할 필요는 없는 듯하다. 각 부분의 좋은 점을 모아 "여기도 좋고, 저기도 좋다."라는 방식으로 얘기를 풀어 나가면 어떨까.

물론, 웬만히 내공이 쌓이지 않으면 이렇게 입장을 정리하기란 불가능하다. 정확하게 말하면, 저런 말을 하기 위해서는 말하는 나 자신의 관점도 바꿔야 한다. 가능하면 많은 경험과 사고를 통해서 오른쪽만 보던 시선을 왼쪽으로도 돌려 봐야 하고, 왼쪽만 고집하던 방식에서 오른쪽도 살펴야 한다.

"살아 보니 다 맞아요."

《백세 일기》의 저자로, 올해로 만 104세이신 김형석 교수의 말씀이다. 아직 100세의 절반도 안 살아 본 분들이 대부분이라서 김형석 교수의 말씀에 쉽게 동의하긴 어려울 수도 있다. 하지만 양비론에 휘말리기보다는 모두를 포용하는 게 인생의 지혜이다. 관점을 넓혀서 양쪽을 모두 보는 게 매력의 조건이다.

기존에 우리의 학교 교육 방식으로 보면 정답과 오답, 찬성과 반대로 나뉘는 게 일반적이었다. 역사적으로까지 올라가면, 하나를 선택하지 않으면 중간은 '죽음'인 경우가 많았다. 여러 이유로 편가르기식, 갈라치기식 상황에 내 의지와 관계없이 놓이는 경우가 적지 않았던 게 현실이다.

사실 다양성을 좀먹는 문제임에도 남북으로 갈라진 이데올로기 상황, 화합하지 않는 여야로 갈라진 정치 상황, 이로 인해 파생된 교육 방식 등이 그냥 그렇게 관례대로 이어지면서 갈등 구조가 우리 사회에 뿌리내린 것 같기도 하다.

하지만 인생은 수학 문제를 풀어서 정답 하나 찾는 게 아닌 경우가 대부분이다. 답이 여러 개이거나 없는 경우도 적지 않다. 정답 하나를 찾던 방식을 계속 고집하면 본인만 손해인 경우가 허다하다. 각자 살아온 경험에서 자신의 현재 상황과 관점으로 답을 내놓으면 그 사람의 정답이다. 또 다른 사람이 그의 방식대로 내놓은 그의 답도 정답이다. 왜냐하면 방정식에 들어가는 함수가 모두 자신의 삶의 궤적에 따라 다르기 때문이다.

우리는 그걸 이해하고 인정하면 되는 것이다. 상대방의 풀이 과정을 모르면서 자기 답과 다르다고 해서 오답으로 처리하는 무례를 범하지 말아야 한다.

"어, 그렇네. 그 말이 맞네."

사람들은 자신의 문제 풀이 방식을 지켜보면서 그 답을 인정해 주는 사람에게 호감을 느낀다. 상대방도 호감을 느낀 사람의 답을 인정해 주기 마련이다. 서로가 그런 사람에게 매력을 느끼고, 자신의 인생의 '다시 보기' 명단에 그를 등록하게 되는 것이다. 아무리 똑똑하더라도 지적질에 몰두하는 사람을 가까이 두고 싶지 않은 게 인지상정이다.

풍요로운 인생, 매력적인 인생. 각자의 인생 풀이 과정을 이해하고 존중하는 데서 시작된다.

끌리는 이들에겐 이유가 있다

초판 1쇄 발행   2024년 9월 16일

저 자   박기수
발행처   예미
발행인   황부현
기 획   박진희
편 집   김정연
디자인   이창욱

출판등록   2018년 5월 10일 (제2018-000084호)

주소   경기도 고양시 일산서구 강성로 256, B102호
전화   031)917-7279   **팩스** 031)911-5513
전자우편   yemmibooks@naver.com
홈페이지   www.yemmibooks.com

ⓒ 박기수, 2024

ISBN 979-11-92907-52-9 03190